LE CHATEAU

ET

LA SAINTE-CHAPELLE

DE

CHAMPIGNY-SUR-VEUDE

(INDRE-ET-LOIRE)

NOTICE HISTORIQUE ET ARCHÉOLOGIQUE

PAR

L'ABBÉ L.-A. BOSSEBŒUF

MEMBRE DE LA SOCIÉTÉ ARCHÉOLOGIQUE DE TOURAINE
PROFESSEUR D'HISTOIRE

DEUXIÈME ÉDITION

TOURS

LOUIS BOUSREZ, LIBRAIRE-ÉDITEUR

18, RUE DE L'INTENDANCE, 18

LE CHATEAU

ET

LA SAINTE-CHAPELLE

DE

CHAMPIGNY-SUR-VEUDE

IMPRIMERIE PAUL BOUSREZ, 5, RUE DE LUCÉ, A TOURS

La Sainte-Chapelle de Champigny-sur-Veude (Indre-et-Loire).

LE CHATEAU
ET
LA SAINTE-CHAPELLE
DE
CHAMPIGNY-SUR-VEUDE
(INDRE-ET-LOIRE)

NOTICE HISTORIQUE ET ARCHÉOLOGIQUE

PAR

L'ABBÉ L.-A. BOSSEBŒUF

MEMBRE DE LA SOCIÉTÉ ARCHÉOLOGIQUE DE TOURAINE
PROFESSEUR D'HISTOIRE

TOURS
LOUIS BOUSREZ, LIBRAIRE-ÉDITEUR
18, RUE DE L'INTENDANCE, 18

PRÉFACE

La Touraine joint à l'avantage de la grâce, de la fraîcheur et de la fécondité qui l'ont fait surnommer l'*Arcadie de la France*, celui d'être parée de riantes villas et d'imposants châteaux qui sont tout ensemble les témoins de son histoire dans le passé et les brillants fleurons de sa couronne dans le présent.

Parmi ces manoirs, il en est qui ressemblent au preux du moyen âge, bardé de fer de pied en cap, soit que la lutte et le temps en aient troué ou respecté l'épaisse armure, comme ceux de Chinon, d'Amboise et de Langeais. Il en est d'autres qui sont pareils à d'aimables princesses souriant derrière un voile transparent de verdure, comme les résidences de Rochecotte et d'Azay. D'autres enfin, à un port gracieux allient quelque chose de fort et de vigoureux, tels les châteaux de Chenonceau, d'Ussé et du Coudray.

Le château de Champigny était du nombre de ces derniers. Situé dans une vallée fertile, au bord d'un cours d'eau limpide, encadré d'arbres séculaires, sa silhouette tout à la fois grave et riante se détachait agréablement sur l'azur du ciel et sur le fond verdoyant de la forêt, tandis que ses pieds étaient baignés par la rivière qui s'enfuit en murmurant : ce qui ne l'empêchait pas, si l'ennemi se présentait, de lui offrir son front de douves, de tours et de défenses habilement ménagées.

Ce qui ajoute à l'intérêt de quelques châteaux de la Touraine, c'est parfois une élégante chapelle qui en est la compagne et atteste la foi des antiques châtelains en même temps que leur bon goût artistique : par exemple, qui n'a visité avec plaisir celle qui domine la ville d'Amboise ?

Ici, Champigny cesse de marcher de pair avec les autres seigneuries tourangelles, pour les dépasser toutes. La chapelle Saint-Louis, par l'intérêt qu'offrent sa structure, son ornementation et plus spécialement ses verrières, défie toute rivale et demeure vraiment la perle de la Touraine, pour ne pas dire de la France. C'est en vain qu'on chercherait après la Sainte-Chapelle de Paris, ce bijou hors ligne de l'architecture au moyen âge, un autre monument de la même époque et du même genre qui pût lui être comparé. De toutes les magnificences du xvi° siècle, c'est assurément une de celles qui méritent le mieux, à tous égards, de fixer l'attention du visiteur et de l'artiste.

On peut affirmer sans exagération aucune que c'est un édifice vraiment royal. J'ai dit royal, c'est qu'en effet Champigny a partagé avec quelques autres châteaux le privilège de recevoir fréquemment rois et reines, princes et princesses, avec les personnages les plus considérables du temps. Sans avoir été jamais propriété royale, il a plus d'une fois donné l'hospitalité aux rois Charles IX, Henri III, et Henri IV, à Catherine et à Marie de Médicis ; et il peut revendiquer l'honneur d'avoir été possédé par les plus hautes et les plus illustres maisons de France, à savoir par les cousins, beaux-frères et frères des rois. A côté des de Blo, des Beauçay et des ducs d'Anjou, se placent les Bourbon-Montpensier, les Gaston d'Orléans et les Philippe de France.

Outre l'intérêt spécial qui s'attache à son histoire, il est un côté par lequel la résidence de Champigny rachète aisément le renom retentissant qu'elle pourrait avoir à envier à d'autres châteaux plus fameux. Lorsque le touriste visite tel manoir de la Touraine, il lui semble entendre ici, dans l'enceinte de quelque donjon, là, dans les profondeurs d'un souterrain, ailleurs derrière les barreaux d'une cage de fer, l'écho des plaintes et des gémissements étouffés de quelque victime célèbre. Il peut bien y avoir là quelque chose de tragique qui ouvre la porte à l'imagination, pique la curiosité et ajoute encore à l'intérêt ; mais ce n'est pas moins une vision attristante qui oppresse le cœur en réveillant dans l'esprit tout un cortège de douloureux souvenirs.

A Champigny, rien de semblable : pas de vestiges de cruauté, pas de taches de sang. Nulle ombre vengeresse ne hante cette paisible solitude. Tout y respire le calme, la piété, le dévouement, la charité et la justice. Vit-on jamais plus noble et plus pure bannière flotter sur les tours d'un château ? Combien elle doit avoir plus d'attrait et captiver plus sûrement les regards et la saine curiosité du visiteur que l'oriflamme plus ou moins sanglante et lugubre qui ombrage de ses plis tel autre vieux castel !

De mon côté je n'ai pu, je l'avoue, résister au charme séducteur qui m'attirait vers cet aimable séjour, ni à la tentation d'en esquisser l'histoire. Trop de souvenirs semblaient à l'envi prendre corps autour de moi et me prier de me faire l'interprète de leur babil confus et l'écho de leur voix tour à tour enjouée et solennelle, pour que je tente de me dérober, quand surtout cette légitime satisfaction leur a été jusqu'ici refusée.

LE CHATEAU
ET
LA SAINTE-CHAPELLE
DE
CHAMPIGNY-SUR-VEUDE

I. — PARTIE HISTORIQUE

CHAPITRE PREMIER

CHAMPIGNY ET SES ORIGINES. — LE CHEVALIER BERNIER.

Au temps de nos ancêtres les Gaulois ou les Romains, Champigny a-t-il donné quelques signes de vie ou bien n'est-ce qu'un bourg construit plus tard, alors que le pays des Francs se constituait féodalement et que les bourgades commençaient à prendre rang suivant qu'elles avaient à leur tête un homme d'armes plus ou moins en renom ? Nous l'ignorons. Toutefois, il est probable que de bonne heure les groupes plus ou moins nomades, qui cherchaient à se fixer dans le centre, ont dû être attirés par la fraîcheur et la fertilité de ce coin de terre, de cette vallée riche et spacieuse arrosée par deux cours d'eau, le *Mâble* et la *Veude*, qui se réunissent à Champigny : belle campagne assurément, d'où a pu lui venir son nom de *Campanie* (Campiniacus, Campaniacus). Ce qu'il y a de certain, c'est qu'à une époque fort reculée, on voit à notre localité le nom de *villa*, de *vicus* (1). Bien que Champigny n'ait pas attendu au xi⁰ siècle pour avoir une

(1) Cartulaire de Noyers, chart. 591, 604, édition de Mgr Chevalier.

existence autonome et entourée d'une certaine influence, cependant ce n'est qu'à partir de ce moment que nous pouvons en parler avec connaissance de cause : jusque-là les fils de toute trame historique nous font défaut. Mais alors, si nous pénétrons dans ce bourg composé de quelques maisons et chaumières éparses çà et là sur les bords de la Veude ou groupées autour d'un tertre couronné d'une demeure plus fortifiée par l'art et la nature, nous pouvons nous apercevoir de suite qu'il renferme sa part de l'agitation toute militaire qui remplit le moyen âge. Au cliquetis guerrier, aux cris du héraut d'armes on devine la présence de l'élément chevaleresque. C'est qu'au centre du *vicus*, Foulques, comte d'Anjou et de Touraine, frère de Geoffroy le Barbu, vient d'établir un de ces camps retranchés dont il avait l'habitude de doter la province (1).

En l'année 1060, à la tête de cette petite *mouvance*, apparaît un chevalier du nom de Bernier qui possède de vastes domaines. Sachant allier aux goûts militaires l'amour de la religion et le culte des sentiments généreux, il fit plusieurs donations pieuses, entre autres à l'abbaye des bénédictins de Noyers située sur la rive droite de la Vienne. De son épouse Marguerite, il eut cinq enfants : trois garçons, Philippe, Maurice et Aimeri, et deux filles, Marie et Ascéline. Bernier de Champigny vécut jusqu'à un âge avancé, car nous le voyons, au début du XIIe siècle, assistant ou prenant part à plusieurs fondations.

La châtellenie relevait de Loudun et rendait foi et hommage aux membres de la redoutable famille des Foulques. Le comte d'Anjou et de Touraine était à ce moment Foulques Réchin, à qui son père avait passé ce lourd gantelet dont il souffleta tant de fois les seigneurs de ces deux provinces. Quoi qu'il en soit, ses rapports avec Bernier étaient excellents : au bas de nombre d'actes laissés par Foulques, on voit la signature du chevalier de Champigny (2).

Une partie des domaines de Bernier relevait encore d'un suzerain moins élevé que Foulques, mais pourtant fort considérable,

---

(1) Dom Housseau. Bibliothèque nationale, II. t. ms. 618.
(2) Cartulaire de Noyers, ch. 50, 98, 199, 408, 441, 471. — Cartulaire de Fontevrault.

je veux parler de Gosselin ou Josselin de Blo, qui demeura d'abord à Chinon, puis à Champigny, dont il était devenu seigneur, *dominus,* par son mariage avec une des filles de Bernier. Entre autres enfants, il eut une fille, Euphémie, qui épousa Gaultier fils de Giroir de Loudun, et Robert dont il va être question (1).

CHAPITRE II

LA MAISON DE BLO

Robert de Blo devint châtelain de Champigny et épousa Hersen, veuve de Peloquin fils d'Archambault, seigneur de l'Ile-Bouchard, qui lui apporta en mariage une dot considérable avec un fils qu'elle avait eu de son premier époux : cet enfant s'appelait Peloquin comme son père. Vers 1090 surgit une querelle entre Foulques et Barthélemy de l'Ile-Bouchard, frère de Peloquin. Robert de Blo, fidèle gardien des intérêts de son beau-fils en même temps que des devoirs qui le rattachent à Foulques, prit parti pour le comte de Touraine qui lui confia la garde de la forteresse de Champigny. Malgré tous ses efforts, il ne put tenir contre les troupes de Barthélemy : le château fut pris et brûlé.

Plusieurs des défenseurs et compagnons de Robert furent faits prisonniers, entre autres son neveu Garnier Maingoth, fils de Renaud Maingoth. Ce dernier fut enfermé dans une cellule et placé sous la surveillance de Payen, homme d'armes de Barthélemy. Cette captivité humiliante l'irrita si fort qu'une fois mis en liberté, il résolut de se venger de Payen. Sa fierté de caractère était trop connue pour que son ancien geôlier ne songeât pas à l'adoucir par tous les moyens. Il y parvint par l'intermédiaire des religieux de Noyers qui possédaient quelques bénéfices à Champigny. Garnier consentit à la réconciliation, à la condition que

(1) Cartulaire de Noyers, *loc. cit.*

Payen, son père et ses frères feraient un don à l'abbaye. La condition fut acceptée et, à quelque temps de là, Payen donna aux religieux, dans son domaine de Saint-Patrice, un labourage à deux bœufs, comme on dit encore aujourd'hui en ne faisant que traduire les chartes de l'époque. Robert de Blo apparaît comme témoin dans cette donation.

Les possessions de Robert étaient fort étendues, aussi jouissait-il d'une grande influence. Il est appelé à donner son consentement aux dons et legs faits par des seigneurs de la contrée, comme Philippe, Geoffroy et Cadilon, bienfaiteurs du couvent de Noyers. Lui-même fit à ce monastère plusieurs donations dont la plus importante est celle des revenus de l'église de Champigny, de son four et de son moulin : c'etait en 1098. A cette époque Robert avait perdu son épouse Hersen ou Hersende.

Le châtelain de Champigny se remaria dans les premières années du XIIe siècle. Sa seconde femme se nommait Marquisie ou Marchise. A l'occasion de la cession qu'il fit aux religieux de Noyers, « de toutes les coutumes de la terre de Champigny », nous lui voyons deux fils, Josselin et Robert.

A l'année 1129 se rattache un évènement qui accuse tout ensemble et l'amitié profonde qui unissait les comtes de Touraine aux seigneurs de Champigny, et le rang distingué que ceux-ci occupaient parmi les chevaliers de la province. Foulques V, dit le Jeune, dans le but de relever davantage la grandeur de sa maison, avait demandé et obtenu pour son fils unique, Geoffroy le Bel, alors âgé de seize ans, la main de Mathilde, veuve de l'empereur Henri V, fille unique et héritière de Henri Ier, roi d'Angleterre, âgée d'environ trente ans. Pour l'accompagner dans son voyage de Rouen, où se devait célébrer le mariage, Geoffroy prit avec lui cinq des seigneurs les plus notables des Etats de son père. Robert de Blo fut l'un des élus. Les quatre autres sont Jacquelin de Maillé, Robert de Semblançay, Hardouin de Saint-Mars et Payen de Clairvaux (1).

Les fils du noble seigneur de Champigny héritèrent de l'esprit

---

(1) Cartulaire de Noyers, ch. 93, 95, 98, 131, 132, 140, 175, 199, 249, 255, 341, 442, 450, 508.

chevaleresque et chrétien dont leur père avait montré l'exemple. A plusieurs reprises, Josselin et Robert II donnent leur consentement à certains legs faits à l'abbaye de Noyers, ou lui cèdent eux-mêmes différents droits, spécialement en faveur de la chapelle Saint-Gilles des Coûts, bien connue par la foire champêtre qui se tient encore dans le voisinage.

Robert II était seigneur de Champigny lorsque Henri II, roi d'Angleterre, par suite du traité de 1156, devint maître de l'ouest de la France. Ce jour-là l'âme des de Blo, qui n'avaient jamais manqué de fidélité aux Foulques et aux Plantagenet, ressentit une douleur profonde en voyant ce beau pays passer sous la domination étrangère. Henri II vint à Chinon pour gagner à sa cause les principaux chevaliers de Touraine. Il y établit sa sa cour et y résida assez longtemps. Mais c'est en vain que par des promesses ou des menaces, il tente de s'attacher le loyal châtelain de Champigny. Robert n'hésite pas à lui refuser obéissance pour prendre le parti de Louis VII, qu'il reconnaît pour son seigneur et roi. Le futur meurtrier de Thomas Becket, irrité de cette opposition inattendue, marche avec ses troupes sur Champigny que Robert avait eu soin de munir de travaux et de défenseurs, en y appelant plusieurs seigneurs des environs. L'attaque est vigoureuse ; la défense ne l'est pas moins. Enfin, il faut céder devant le nombre : le château est emporté d'assaut. Dans cette lutte patriotique, plusieurs gentilshommes perdirent la vie, et d'autres la liberté : au nombre de ces derniers, il faut compter Baudouin de Brizay, Ory et Aimeri de Blo, proches parents de Robert.

C'est vers ce temps, au cours des querelles entre le roi Henri II et ses fils, qu'un fait merveilleux impressionna profondément le bourg de Champigny. La population, terrifiée par l'annonce d'une nouvelle invasion et d'une attaque imminente de la part des Anglais, se tenait enfermée dans l'église Notre-Dame. Pas de lumière à l'autel. Tout à coup, en présence des assistants, la lampe suspendue devant le crucifix est allumée comme par une main invisible. On rapporte le prodige à Robert de Blo, il en remercie le Ciel, et veut que désormais cette lampe soit entretenue avec vigilance. A cet effet il crée une rente à l'aide de laquelle Odon, bénédictin de Noyers et prieur de Champigny, ainsi que ses successeurs, auront soin de l'alimenter (1).

A sa mort, Robert II de Blo laissa deux fils, dont la naissance était antérieure au fait que nous venons de signaler : ce sont Josselin et Josduin, qui se montrèrent fidèles aux nobles traditions de leurs ancêtres. Avec ces nouveaux seigneurs, nous franchissons le seuil du XIIIe siècle, l'âge d'or des lettres, des sciences et des arts au moyen âge.

Josselin épousa Hersinde. De cette union naquit un fils appelé Aimeri. D'un commun consentement, ils remettent en 1213 à l'abbaye de Marmoutier les droits qu'ils pouvaient avoir sur le riche prieuré de Tavant.

A la piété Josselin sut unir, lui aussi, la valeur militaire. Philippe-Auguste s'efforce de tenir tête aux Anglais, qui veulent morceler son royaume. Se souvenant à quel degré le courage et le patriotisme sont héréditaires dans la famille des de Blo, il choisit comme chevalier banneret Josselin, en compagnie d'Hugues de Beauçay, dont nous verrons plus tard les descendants posséder la seigneurie de Champigny. Noblesse oblige. Josselin ne laissera pas faiblir le bras qui doit porter la bannière contre l'étranger. A Bouvines en particulier (1214), il réalisa des prodiges de bravoure. Dès que le roi de France a dit « une brève oraison à Notre-Seigneur et saillit sur son destrier en aussi grande liesse que s'il dût aller à une noce », le seigneur de Champigny, son étendard haut levé, s'élance à sa suite et fait un grand carnage de Flamands et de Teutons.

A quelque dix ans de là Josselin mourut, laissant pour héritier et successeur son fils Aimeri, qui comparait avec les seigneurs de la contrée au ban convoqué à Chinon en 1242. Aimeri donna une preuve de fidélité à son roi, lorsque Louis IX vint à Chinon et à Loudun pour réprimer les agissements des barons révoltés. Sans hésiter un instant, il répondit à l'appel du souverain. Il avait une fille nommée Emma (2).

---

(1) Cartulaire de Noyers, ch. 604. — Dom Housseau, VI. 2,193. — Cartulaire de Turpenay.

(2) Cartulaire de Noyers, ch. 591, 604. — Cartulaire de Marmoutier. — Dom Housseau, t. VI. — Léopold Delisle, *Catalogue des Actes de Philippe-Auguste*, 340. — Chalmel, *Histoire de Touraine*, II.

CHAPITRE III

LES FAMILLES DE BEAUÇAY, D'ARTOIS, D'ANJOU ET DE BEAUVAU.

Emma, fille d'Aimeri, épousa vers 1260 un gentilhomme d'une illustre famille du Loudunois, Guy de Beauçay, auquel elle porta en mariage la seigneurie de Champigny. Mais aussi, il était vraiment digne, par sa piété et son courage, de s'allier et de succéder à l'antique souche des de Blo. Ses sentiments religieux paraissent dans ses dons aux abbayes de Louroux et de Bourgueil en 1265. Sa bravoure éclata dans la conquête du royaume de Sicile, où il accompagna Charles d'Anjou. Son frère Hugues de Beauçay IV, dit le *Grand*, aussi seigneur de Champigny, ne fut ni moins pieux ni moins courageux.

Lorsque saint Louis partit pour la seconde croisade, en 1269, l'un et l'autre s'empressèrent de l'accompagner. « Bruyans comme foudre et acerres », suivant l'expression d'un vieux chroniqueur, ils déployèrent tant d'ardeur dans la poursuite des Sarrasins, qu'ils avaient contraints de plier devant Tunis, qu'ils s'avancèrent trop avant et furent faits prisonniers. Ces deux braves, à l'instar du grand roi, ne revirent pas le sol de la patrie. Si l'on cherchait bien dans la foule des croisés qui remplissent trois grandes verrières de la sainte-chapelle, peut-être y découvrirait-on la présence de ces vaillants châtelains.

Hugues avait épousé Alix de Châtillon. Il eut douze enfants, dont les plus connus sont Marie, femme de Jean de Vendôme, Jeanne, mariée à Herdouin de Maillé, de la famille de notre bienheureuse, et Hugues, qui devait succéder à son père.

La seigneurie de Champigny passa en effet aux mains de Hugues V, qui épousa en premières noces Almarine de l'Ile-Bouchard et bientôt après, en secondes noces, Enodarde. De ce dernier mariage naquit une fille appelée Jeanne, qui réunit sur sa tête la châtellenie de Champigny avec celle de Beauçay près de Loudun et celle de la Rajace, située à quelque distance sur le territoire de Ligré (1).

Mariée à Geoffroy de Beaumont, chambellan de Philippe de Valois, Jeanne de Beauçay perdit son époux en 1360, et vit bientôt sa main sollicitée par Charles d'Artois, petit-fils de Robert d'Artois, frère de saint Louis, qui avait secoué les liens de la captivité dont les Anglais l'avaient chargé à Poitiers avec le roi Jean. Cette union ne fut pas heureuse. Une sorte de fatalité s'acharna contre ces deux époux, qui paraissaient si bien formés pour la fortune et la gloire. A la douleur qu'ils ressentirent de la perte d'un enfant mort en bas-âge, il faut joindre une série d'intrigues et de vexations dirigées contre la personne de Charles d'Artois. Il est vrai qu'il leur restait une fille, Catherine, mariée à Jean de Ponthieu, comte d'Aumale ; mais ils eurent la douleur de la perdre d'assez bonne heure. En bon chrétien, Charles chercha une consolation dans l'affection qu'il portait à son épouse et dans la pratique du bien.

Le 7 mars 1361, les châtelains de Champigny fondèrent une « aumosnerie à la charge d'y nourrir et coucher cinq pauvres de ladite ville à la nomination desdits seigneurs ». Ils ajoutèrent un aumônier pour le service religieux. Les bâtiments se rattachaient à l'antique castel. Faut-il aussi attribuer à leur pieuse libéralité la construction d'une chapelle desservie par quatre chapelains, « ayant bouche à cour », ainsi qu'on le voit dans la suite ? Peut-être. Ce qu'il y a de certain, c'est qu'ils firent don de la cure au monastère de Noyers, qui conserva ce titre environ deux siècles.

Cependant une dernière épreuve leur était réservée. Louis de France, fils du roi Jean, profita de certains embarras pour arriver à la possession de la seigneurie de Champigny. Quelle douleur que celle de Charles et de Jeanne expulsés de leur demeure ! C'en est fait : la coupe déborde. Charles meurt de chagrin (1385), et son épouse va ensevelir son deuil dans le château de la Rajace, où elle rendit son âme à Dieu le lundi de Pâques 1402. Il est probable qu'elle y reçut la sépulture (2). Jeanne eut garde d'oublier, dans

---

(1) Cartulaire de Saint-Martin. — Guillaume Guyart, *Des royaux lignages*. Cartulaires du Louroux et de Bourgueil.

(2) Archives d'Indre-et-Loire, G. 280, 281. — Cartulaire de Noyers, *loc. cit.*

son testament, ceux qui l'avaient servie. Elle légua quelques domaines à son écuyer Gérard de Sassé, seigneur du Petit-Rouveray, qui dut les défendre d'ailleurs contre les héritiers de la dame de la Rajace, à savoir les descendants du chevalier Jean Odart, seigneur de Monts.

Il y avait bien quelque honneur pour notre châtellenie à appartenir à des princes de la maison de France et en particulier à Louis II d'Anjou qui, à ses divers titres de comte et de baron, joignait ceux du roi de Naples, de Sicile, d'Aragon et de Jérusalem. Mais le château et la ville ne pouvaient que souffrir de leur éloignement.

Les ducs d'Anjou, d'ailleurs, ne gardèrent pas longtemps la terre de Champigny. La nécessité de se procurer des sommes considérables pour soutenir ses entreprises en Sicile, força Louis II d'Anjou à l'engager à Pierre de Beauvau, un des seigneurs les plus riches de son duché, pour 15 mille livres. Il en fit ensuite le transfert viager à charge de rachat. Enfin, du consentement de son fils aîné, Louis III d'Aragon, roi de Naples, il la vendit à ce même gentilhomme. Le prix du contrat passé en 1384 fut de 17 mille ducats d'or, 600 livres de rente et 400 écus.

Pierre, qui était déjà seigneur de Beauvau et de la Roche-sur-Yon, avait uni son existence à Jeanne de Craon, veuve d'Ingelger d'Amboise. Il légua ses propriétés à son fils Louis, sénéchal d'Anjou et de Provence, chambellan de René Ier, roi de Sicile. Marié à Marguerite de Chambly, Louis en eut Isabelle de Beauvau. Durant la guerre contre les Anglais, les de Beauvau firent noblement leur devoir. Ils étaient grandement appréciés du roi, qui avait choisi Pierre pour son chambellan. On les trouve en particulier près de la personne de Charles VII, pendant le long séjour qu'il fit à Chinon avant de céder aux salutaires encouragements de l'héroïne de Domrémy.

Louis était honoré de l'amitié des princes et gentilshommes de la cour, entre autres du duc d'Alençon, des comtes de Vendôme, d'Harcourt et de Richemont. A sa mort, arrivée en 1472, il légua Champigny à sa fille Isabelle (1).

(1) Bibliothèque municipale de Tours, ms. 1042, 1043. — Chroniques d'Anjou, ms. 1165, 1166, 1167.

CHAPITRE IV

CHAMPIGNY ET LES BOURBONS

Nous avons vu la seigneurie de Champigny possédée tour à tour par les plus illustres maisons de la Touraine et de l'Anjou. Elle va passer maintenant aux mains des Bourbons, qui la détiendront pendant plus d'un siècle et demi pour la léguer ensuite aux princes d'Orléans et aux ducs de Richelieu.

Environ vingt ans avant la mort de son père, Isabelle de Beauvau avait épousé, à Angers, Jean de Bourbon, comte de Vendôme. Selon les termes mêmes du contrat, il ne reçut Champigny qu'après le décès de son beau-père. De ce côté encore, notre domaine ne faisait que rentrer dans la noble lignée de saint Louis, pour lequel nous verrons plus tard ses châtelains professer un culte tout spécial. Si en effet Charles d'Artois était petit-fils de Robert d'Artois, frère de Louis IX, Jean de Bourbon était à son tour arrière-petit-fils de Jacques de Bourbon, lui-même descendant de saint Louis.

Huit enfants naquirent de cette union, savoir six filles et deux garçons. Ce sont : Renée et Isabelle, qui furent abbesses de la Trinité de Caen, Catherine femme de Gilbert de Chabannes, Charlotte qui épousa Engilbert de Clèves, comte de Nevers, et Jeanne qui fut mariée successivement à Jean II, duc de Bourbon, à Jean de la Tour, comte d'Auvergne, et au baron de la Garde. Des fils, l'aîné, François, hérita du comté de Vendôme, et le second, Louis, reçut la seigneurie de Champigny.

Après leur mort arrivée entre les années 1474 et 1477, Jean et son épouse furent inhumés dans l'église Saint-Georges de Vendôme.

La châtellenie échut à Louis Ier de Bourbon, prince de la Roche-sur-Yon. C'était un gentilhomme accompli pour la bravoure non moins que pour la distinction. Il suivit le roi Charles VIII en Italie et se montra toujours au premier rang de cette noblesse belliqueuse, jalouse d'imiter les hauts faits des anciens preux. Lorsque le souverain eut regagné la France, Louis s'attacha à la fortune de Gilbert de Bourbon, comte de Montpensier, auquel Charles VIII laissa la direction de la campagne avec le titre de vice-roi de Naples. Heureusement il n'eut pas le triste sort de Gilbert et put rentrer dans sa patrie. A son retour, il épousa en 1504, à Moulins, Louise de Bourbon-Montpensier, fille de ce même Gilbert de Bourbon, et de Claire de Gonzague, qui descendait également de saint Louis. Nous touchons ici à la souche même des ducs de Montpensier, qui a poussé de si nobles et si vigoureux rejetons (1).

La résidence de Champigny, avec ses riants coteaux, avec sa belle vallée remplie de verdure et d'un calme profond, plaisait singulièrement à Louis de Bourbon et à sa femme ; aussi en firent-ils leur séjour habituel. Cet attachement, non moins que l'amour du beau et le dévouement pour la religion, porta Louis à renouveler et à embellir la terre de prédilection qu'il s'était choisie pour s'y reposer, dans la pratique du bien, des fatigues et des déceptions d'une campagne malheureuse.

CHAPITRE V

LOUIS Ier DE BOURBON FONDE LA COLLÉGIALE SAINT-LOUIS. LE CÉRÉMONIAL.

Dès le milieu du xve siècle, il existait dans la châtellenie une chapelle avec une sorte de petit chapitre fondé par les soins des seigneurs de Champigny. La modicité des revenus répondait au petit nombre des chapelains. C'était trop peu pour la piété de Louis de Bourbon dont on a dit qu' « il s'efforçait fort à imiter saint Louis, et à se former à ses bonnes et saintes mœurs et à ses belles dévotions (2) ». Il accrut les biens et revenus déjà consti-

---

(1) Bibliothèque municipale de Tours, ms. 1170, 1194, 1229, 1230. — P. Anselme, *Histoire généalogique de la maison de France*. — Brantôme, *Vie des hommes illustres*, III.

(2) Brantôme, *Vie des hommes illustres* ; tome III, p. 271.

tués et établit une collégiale composée de neuf membres, à savoir : trois dignitaires, — le doyen, le chantre et le prévôt, — quatre chanoines prébendés et deux sacristains, en se réservant le droit de nommer aux places vacantes.

Afin de revêtir ce chapitre de la canonicité requise, Louis adressa une supplique au pape Alexandre VI qui, par sa bulle du 10 janvier 1499, en confirma la fondation sous le titre de « Saint'Louis », et donna au doyen le droit de porter la soutane violette, la mitre, la crosse, l'anneau et la croix pastorale, et de conférer la tonsure à douze clercs. Dans les assemblées générales du clergé, le doyen de Champigny avait le pas sur les abbés commandataires et les autres doyens de France. Le prince Louis s'occupa en même temps de régler « ce qui devait fournir à la subsistance des chanoines et à l'ordonnance du service divin ». Quelques difficultés, soulevées à cette occasion par « le révérend père en Dieu, Pierre d'Amboise », évêque de Poitiers, finirent par s'aplanir après de longs pourparlers et furent résolues par un concordat passé le 9 octobre 1520. L'acte rédigé à Champigny porte la signature du fameux connétable de Bourbon qui avait usé de son influence au cours de cette affaire.

Cependant le vieux castel des de Blo, d'ailleurs agrandi et fortifié par leurs successeurs, paraissait à Louis de Bourbon insuffisant, non moins que la chapelle attenante au château. Plein des souvenirs de ses voyages, il se mit à l'œuvre. Le château qu'il fit bâtir était fort vaste et très beau : chacune des ailes était décorée de pavillons majestueux qu'encadrait une double cour et que baignaient les ondes limpides de la Veude. Louis laissa sans doute subsister une partie de l'antique forteresse, puisqu'une pièce parle du château « tant viel que nouvellement faict ». Mlle de Montpensier nous dit dans ses *Mémoires* que c'était une demeure vraiment « royale ». Il ne reste à cette heure que les bâtiments de service qui, transformés avec goût, sont devenus le château actuel de Champigny.

C'est en face de ce magnifique manoir que Louis entreprit de faire construire une chapelle digne du chapitre et de son saint patron. Afin de ne pas interrompre notre récit, nous en parlerons spécialement au chapitre suivant.

Le chapitre se dirigea pendant huit ans d'après les règlements édictés lors de sa fondation. En 1507, pour parer aux inconvénients du dehors et du dedans, Louis de Bourbon résolut de faire un corps de statuts réglant ce qui concerne la marche de la collégiale. D'accord avec les chanoines assemblés capitulairement, le prince arrêta une *Ordonnance* ou *Cérémonial* en 252 articles qui déterminent les fonctions de chaque dignitaire, avec les droits et les obligations de chacun des chanoines, le rituel des offices, les fondations et anniversaires, la part d'influence que le seigneur de Champigny se réservait pour lui et ses successeurs, et enfin tout ce qui regardait les offices funèbres à célébrer après la mort des fondateurs. Tout, dans cette longue et intéressante pièce, respire un amour profond de la religion, du bon ordre et de l'entente commune. A chaque ligne brillent la piété et la foi vive de Louis, surtout à l'endroit de la « grande semaine » et de son royal patron.

Nous citerons ici quelques-uns des articles :

« 1. A esté ordonné par mon dit seigneur et chapitre de son église, que ceux qui seront receus aux draps (chanoines) que donnera celui qui présidera au dict chapitre, ou autre tel qu'il plaira à mon dict seigneur, notre fondateur, avant que de les recevoir, jureront à genoux dans le chapitre ou dans l'église, qu'ils garderont les statuts, ordonnances et privilèges de la dicte église et qu'ils obéiront au dict chapitre, porteront honneur et révérence à mon dict seigneur, aux chanoines et à tous ceux de la dicte église, et qu'ils ne révèleront aucune chose des secrets du chapitre et qu'ils ne prendront aucun office de juridiction de Mgr de Poitiers, ni d'archiprêtres, ni d'archidiacres, sur peine d'amende arbitraire et d'être privés des dits draps.

« 3. Item a été ordonné par mon dict seigneur et chapitre que, quand un doyen, chantre ou autres dignitaires chanoines sera receu, sera tenu faire sa résidence continuelle par le temps de six mois, aux trois grandes heures, c'est à savoir de Matines, grand messe et vespres. — 4. Item a esté ordonné que si aucun requiert les draps de la dicte église, premièrement sera examiné par le chapitre, et s'il est trouvé suffisant et qu'il soit personne honnête, sans être boiteux, bossu, borgne, perclu d'aucun membre, ni bastard, pourra estre receu. — 7. Item a esté ordonné que les dessus ne portent robes de diverses couleurs, ou une robe ni chausses rouges, perses ni jaunes, ni robe fendue par derrière, et seront tenus faire leur barbe et leur couronne au jour que le doyen fera le service et ne porteront longs cheveux qu'à la manière des gens d'église selon le droit, à peine d'une livre de cire.

« 33. Item les marrelliers seront tenus sonner à l'heure de midy le pardon du roy Louis, comme le salut Notre-Dame, qui se sonnera aux fêtes annuelles et à la vigile d'icelles de la plus grosse cloche. — 43. Item a esté ordonné que les marreliers seront tenus, devant qu'ils s'aillent coucher, visiter partout l'église avec chandelles ou lanternes, et s'ils trouvaient aucun dans la dicte église, pourayent cobeter une des cloches pour avoir le secours de ceux de la dicte église contre les malfaiteurs. Item les choristes seront tenus tendre la tapisserie noire qui est ordonnée pour les obits de Mgr, à la fête de Noël, et demeurera tendue jusqu'au jour des Rois, et par dessus une tapisserie d'une autre couleur qui est de sibilles ou autre ordonnée, par mon dict seigneur.

« 50. Item seront tenus les dicts secretain et choristes mettre la croix de bois, au lieu accoutumé, le jour de Pasques fleuries, et quand la grande église sera faicte, la procession se fera par le cloistre, et ira-t-on adorer la croix au milieu du dict cloistre, et là il doit y avoir les tapis ordonnés par mon dict Seigneur, qui sont les tapis de fleurs de lis. — 51. Item seront tenus les dicts secrétain et choristes habiller l'autel là où reposera le *Corpus Dei* et de mettre le pavillon dessus l'autel avec rideau aux deux côtés. — 52. Item seront tenus les dessus mettre deux parements les plus beaux et d'autres tapis tant dessus le perron qu'ailleurs, et seront mis les calices et reliquaires et autres choses les plus beaux qui soyent, et un parement d'autel faict d'orfévrerie, et au devant de l'autel des tapis de velours et l'un des beaux tableaux.

« 65. Item a esté ordonné par mon dict Seigneur, au jour de son service qui est le lendemain des roys, durant sa vie, et au jour de son obit, après son trépas, sera couvert deux livres de cire en petits cierges qui brusleront durant la litanie. — 76. Item sera tenu le dict secretain fournir au doyen, au chantre ou à ceux qui font l'office pour eux, à chascun un devanteau blanc, deux bassins et deux esguières pleines d'eau pour laver les pieds de treize pauvres et pareillement deux longères, lesquelles les dicts doyen et chantre auront à l'environ du col pour essuyer les pieds des dicts pauvres, et seront tenus bailler à chacun des treize pauvres six deniers et un pain ; et après la lavation des pieds faitte, seront tenus les dicts doyen et chantre jeter l'eau qui aura été réservée sur l'ensépulture de mon dict Seigneur, et présentement dès à présent au lieu où est son intention d'être enterré, jusqu'à ce que son église soit faicte.

« 78. Item sera tenu le dict secretain, par ordonnance de mon dict Seigneur, de fournir une table sur trétaux, au lieu où se fera le dict mystère, garnie d'une nappe, dessert de dragées et gaufres, échaudez, vin blanc et rouge pur et net, et seront tous ceux du collège en aulbes assis en bon silence pour faire la Cène qui se fera en chapitre. — 128. Item a esté ordonné que toutes les fois et quantes qu'il adviendra que Monseigneur notre fondateur ou ses successeurs soient épousés en la dicte église (le doyen ou son vicaire doit épouser et baptiser et non un autre), le profit qui en viendra sera receu par le trésorier qui en rendra compte. — 142. Après l'évangile, le diacre reportera le livre avec les cérémonies accoutumées et le portera à baiser au prestre, à Monsieur, à Madame en l'absence de Monsieur, à Messieurs leurs enfants en l'absence de Madame ; après, le soubs-diacre le prendra et le portera aux chantres assistants et aux chanoines.

« 151. Item a esté ordonné que quand un chanoine ira de vie à trépas, tous ceux du collège seront tenus l'aller quérir jusqu'à sa maison pourvu que ce soit en la ville, en leurs chappes noires et non avec leurs aumusses. — 154. Item a esté ordonné que tous ceux de l'église seront tenus, le jour que Monsieur décédera, dire la vigile des morts, le lendemain la messe haute avec *libera* par le sepmannier le tout à notte, et tous les aultres de l'église, dignités, chanoines, chapelains et aultres prestres de la dicte église, chascun une messe basse. — 169. Item a esté ordonné qu'au jour de saint Louis, en faisant la procession laquelle se fera à l'entour du chasteau et retournant, et seront tous ceux de l'église en chappes, s'il ne pleut, sçavoir en celles de drap d'or bleu et aultres en baissant, et sera porté le reliquaire de saint Louis.

« 170. Aura mon dict Seigneur un palme beau et honneste faict des plus belles fleurs que pourra recouvrer le sacristain et sera tenu fournir pour mon dict Seigneur seulement et tous ceux du collège, et les officiers de Monsieur seront tenus pareillement d'en porter chascun un. — 189. Item a esté ordonné que tous ceux de l'église seront tenus, une fois la sepmaine, jour de vendredy, soit festes ou non, durant le son de prime, tenir chapitre. — 190. Item tous ceux de l'église seront tenus de s'assembler quatre fois l'an pour célébrer quatre chapitres généraux qui dureront chascun huit jours. »

Bien qu'ils soient pris un peu au hasard, on peut se faire une idée et de l'esprit de la collégiale et de la religion du noble châtelain, par ces quelques extraits des « statuts faicts et dressés par Mgr Louis de Bourbon, prince de la Roche-sur-Yon, seigneur de Champigny, Beauvau et la Rajace, et par le chapitre, le 15 juin 1507 (1). »

Dans le but de relever l'éclat du chapitre et de pourvoir plus largement aux besoins des chanoines et aux exigences des divers offices, le prince demanda au pape Léon X d'annexer à la collégiale Saint-Louis, les cures de Saint-Georges, de Champigny, de Saint-Pierre d'Assay, de Saint-Germain de Préau, de Saint-Martin du Sablon, de Saint-Hilaire de Lémeré et de la Tour-Saint-Gelin, avec le pouvoir, pour le doyen, d'absoudre des cas réservés. Le pape, « pour la plus grande gloire de Dieu et par égard pour les bienfaits du prince », accueillit favorablement la supplique et le notifia par deux bulles expédiées de Florence et datées, l'une du mois de février, l'autre du mois de mars 1515.

Cette annexion était réclamée par la situation du chapitre en même temps que par la création de deux nouvelles dignités, celles de sous-chantre et de trésorier, de deux autres prébendes et de nouveaux vicaires. Louis de Bourbon, dont la fortune était

---

(1) Nous devons la communication du *Cérémonial*, ainsi que plusieurs autres renseignements à la haute bienveillance de Mme la comtesse douairière de la Roche-Aymon, propriétaire de Champigny, qui en possède un bel exemplaire, relié aux armes d'Orléans.

amoindrie par les constructions qu'il venait d'achever ou d'entreprendre, avait senti le besoin de recourir à ce moyen pour soutenir la collégiale. Depuis quelque trente ans, en effet, Champigny avait subi des transformations qui en avaient fait un lieu de délices. Le prince Louis y vivait heureux dans la compagnie de son épouse ; il s'efforçait de marcher sur les traces de son patron et aïeul saint Louis : comme lui assistant à l'office et chantant au lutrin, comme lui aimant et visitant les pauvres.

Le 10 novembre 1520, la mort l'enleva à ce milieu qu'il aimait tant. Selon sa volonté, son corps fut déposé dans le caveau de la chapelle, qui n'était pas encore terminée. Il laissait trois enfants : Suzanne, mariée à Claude de Rieux, seigneur de Rochefort, Charles, duc de Beaupréau, et Louis, alors âgé de 7 ans, qui hérita de la seigneurie de Champigny (1).

Mais avant d'aller plus loin, nous avons à parler de la construction de la sainte Chapelle.

CHAPITRE VI

DE LA CONSTRUCTION DE LA SAINTE-CHAPELLE.

L'historien qui a recueilli et ordonné le plus de documents sur nos annales tourangelles, s'est borné à écrire à ce sujet : « La chapelle commencée en 1508 fut terminée en 1543. Cette dernière date se trouve gravée en deux endroits du chœur. » (2) Sans prétendre soulever le voile qui enveloppe encore cette question, nous essayerons d'entrer dans quelques détails de nature à mieux dégager certains côtés.

Si l'on fait abstraction de tout document pour se placer en face

---

(1) Brantôme, *Vie des hommes illustres*, tome III. — P. Anselme, *Histoire généalogique de la maison de France.* — Archives de la commune de Champigny. — Archives du département d'Indre-et-Loire, G. 282. — Bibliothèque de Tours, mss. 1229, 1310, 1311. — *Cérémonial de la collégiale Saint-Louis.*
(2) De Busserolles, *Dictionnaire d'Indre-et-Loire*, art. *Champigny*, p. 86.

du monument lui-même, on s'aperçoit du premier coup qu'il s'agit d'un édifice du XVI° siècle. Les détails aussi bien que la conception générale conduisent à cette conclusion. On sent que le relief des parties, la hardiesse des lignes, les oppositions puissantes d'ombre et de lumière ont cédé la place à l'élégance des formes et des ornements. C'est la dernière période du style gothique, l'ère de transition. Les arcades, les voûtes, les baies retiennent bien l'empreinte ogivale ; mais les nervures, les pinacles, les consoles, les dais et les pendentifs avec leur ornementation spéciale, accusent l'influence de la Renaissance qui va grandir et se substituer aux traditions architectoniques du moyen âge. — Ce qui ne frappe pas moins c'est la divergence de style qui distingue la chapelle proprement dite et le portique. Tandis que l'édifice est l'œuvre de l'école française, le péristyle par son ordonnance et ses motifs de décorations, se rattache à l'école italienne. Il ne faut pas une grande attention pour reconnaître qu'il a été ajouté postérieurement.

Un léger examen nous porte donc à admettre que la Sainte-Chapelle, du moins dans son ensemble, est bien de la première moitié du XVI° siècle. Cette appréciation puise une confirmation évidente dans l'étude comparée des faits, des dates et des inscriptions que nous possédons et qui nous aideront à préciser davantage.

Nous sommes d'avis que la Sainte-Chapelle a été commencée dans les premières années du XVI° siècle, et non en 1508, comme on l'a prétendu. En effet lorsqu'en 1498, Louis Ier de Bourbon jeta les bases de son chapitre, pour lequel il obtint l'approbation l'année suivante, il est tout naturel d'admettre que du même coup il, arrêta, avec un architecte renommé, les plans de la future église où se devait célébrer l'office. De fait, lorsqu'au mois de juin 1507, il fixa définitivement tous les détails de la vie canoniale, il parle des « statuts de l'Eglise collégiale Saint-Louis fondée » par lui. On y trouve en plusieurs endroits des expressions qui indiquent positivement que l'édifice est commencé. Par exemple, il règle les cérémonies à observer « quand la grande église sera faicte », et dans « le cloistre » de la Chapelle ; ce qu'il y a à pratiquer » jusqu'à ce que son église soit faicte », en particulier sur le lieu qu'il a d'avance choisi pour son « ensépulture » (1).

Les travaux de la chapelle se continuèrent assez lentement à cause des embarras des guerres d'Italie. Aussi le fondateur n'eut-il pas la joie de la voir achevée. Lorsqu'il mourut, en 1520, il fut inhumé à l'endroit qu'il avait indiqué : circonstance qui montre que les travaux étaient pourtant assez avancés.

A quelle époque fut terminé le gros œuvre ainsi que le travail de sculpture au moins dans les parties essentielles ? Ce doit être entre les années 1540 et 1545. Des dates gravées sur les murs prouvent évidemment qu'ils étaient édifiés à ce moment : ainsi, du côté de l'Evangile on lit celle de 1546. Mais nous pouvons serrer la question de plus près.

D'une part, deux gargouilles portent d'une façon très apparente et authentique la date de 1543. D'autre part, l'année 1545 nous montre plusieurs documents décisifs. Suivant la fondation faite alors par messire Michel Amonnet aumônier de Louis, il doit être dit un libera « dans la nef de la dicte église sainct Loys » et une prière doit être récitée tous les samedis « devant l'image de Notre Dame de la dicte chapelle » (2). En outres, le « premier jour de juillet 1545, après le son de la cloche », le chapitre se rassemblait en présence de Louis II de Bourbon, pour entendre la lecture définitive des statuts édictés en 1507, et chacun s'engageait à « les continuer, observer et garder inviolablement » (3). Pourquoi cette ratification solennelle de statuts observés depuis tantôt quarante ans, si ce n'est parce que le chapitre prenait solennellement possession de l'église collégiale qui venait d'être achevée ? De plus, c'est à partir de 1545 que le châtelain fit ses fondations importantes en faveur des chanoines (4).

Enfin ce qui est non moins certain, c'est que la fête de la dédicace de l'église se célébrait annuellement le 27 avril, jour où le doyen officiait en grande pompe avec les ornements pontificaux (5).

(1) Archives du château de Champigny, *Cérémonial de la Sainte-Chapelle*.
(2) Archives d'Indre-et-Loire, G. 282.
(3) Archives du château, *Cérémonial*.
(4) Archives d'Indre-et-Loire, G. 282.
(5) Cérémonial du chapitre.

Par suite de cet ensemble de circonstances nous inclinerions à penser que la consécration fut faite le 27 avril 1545, et partant qu'à cette époque le corps de l'église était achevé. En réalité, les années suivantes, par exemple celle de 1548, fournissent des actes qui nous montrent les chanoines officiellement « assemblez en leur chapelle sainct Loys (1) ».

Quant au portique, était-il bâti à cette même époque ? Sa construction a dû suivre d'assez près celle du vaisseau lui-même. Une inscription nous indique que ses murs étaient édifiés en 1558. Cette date, en chiffres du temps et accompagnée d'un monogramme auquel nous reviendrons, ne laisse pas de doute à cet égard. Elle se voit au mur de la façade du porche, à l'intérieur de l'arcade de droite. Bien plus, dans un cartouche qui fait partie de la décoration de la principale porte d'entrée, on lit la date 1549.

Telles sont les quelques données que nous avons pu recueillir relativement à l'époque de la construction. Or à cette question se rattache intimement celle des ouvriers.

On ne saura pas tout à l'heure, sans doute, quels architectes et maîtres-maçons ont édifié ce remarquable monument, quels sculpteurs ont exécuté ce bel ensemble décoratif où la grâce le dispute au bon goût, enfin quels sont les auteurs des statues de marbre, de terre cuite ou de pierre qui ornaient la chapelle. En attendant, nous fournirons quelques indications qui, peut-être, mettront sur la piste de renseignements plus décisifs.

Commençons par signaler à l'intérieur, du côté de l'épître et près le tombeau d'Henri de Montpensier, deux médaillons avec têtes d'une exquise délicatesse, dans le genre de ceux qui se voient dans la chapelle du château d'Oiron, avec laquelle notre collégiale a plus d'un rapport. Le type est bien celui d'artistes du XVIe siècle. N'y aurait-il pas quelque analogie entre ces médaillons et deux têtes d'ouvriers, de même dimension, qui apparaissent à la voûte du cloître de Saint-Martin dont le constructeur fut très probablement François Bastien, « maistre masson de l'église de Saint-Martin de Tours » ? D'ailleurs les sculptures, les motifs d'ornementation ne sont pas non plus sans offrir

---

(1) Bibliothèque de Tours, ms. 1310.

quelque ressemblance. Mais, pour rester dans le domaine des choses certaines, nous relèverons trois signatures d'artistes qui portent avec elles leur cachet d'authenticité.

La dernière, par ordre chronologique, est celle de MARCON. Son nom est surmonté du signe particulier aux ouvriers, qui est lui-même accompagné de la date 1585 : il se trouve au fond du cloître méridional. Nous n'avons rien rencontré, dans les travaux publiés jusqu'ici, qui pût nous donner quelque lumière sur sa personne. Il n'en n'est pas de même du second qui a gravé, du même côté, ses deux initiales T et C séparées par un glaive la pointe en haut. S'il pouvait exister quelque doute à cet égard, il s'évanouirait vite devant le nom qui se lit, tout près, en lettres romaines : M. CHESNEAU 1570. Il s'agit de Toussaint Chesneau, « maître-maçon, architecte et sculpteur », qui construisit, en 1541, l'intéressante tour de l'église de Bueil et fit, entre autres statues, celle de sainte Néomaye (1). Son talent justement apprécié nous porte à croire qu'il eut grande part aux travaux de sculpture de la chapelle qui, ainsi qu'on le voit, ne fut complètement finie qu'à une époque assez avancée.

La troisième signature est un de ces rébus familiers aux artistes du vieux temps et qui trop souvent déroutent notre curiosité.

Elle est composée de trois éléments : la date 1558 au sommet, le monogramme au milieu et enfin, au-dessous, la devise SIC ERAT IN FATIS. Cette inscription est reproduite sous le péristyle et dans la partie méridionale du cloître. Ici, la devise est en cursive de l'époque ; là, en majuscules romaines. Existe-t-il un rapport onomatique entre cette légende empruntée à Virgile et les lettres enchevêtrées qui sont évidemment la signature de l'artiste ? Sont-ce seulement des initiales ou bien un nom complet dont les parties s'entrelacent insidieusement pour le visiteur ? S'agit-il d'un ouvrier déjà connu par ses travaux ou d'un maître encore ignoré ? Sommes-nous en présence d'un Tourangeau, comme Toussaint Chesneau, ou bien d'un étranger ? Nous ne saurions le dire. Plusieurs noms pourraient s'accommoder de ce monogramme, comme Rousseau, Rousset et Rocher, tous architectes et entrepreneurs de notre contrée.

(1) Mémoires de la Soc. Arch. de Touraine, VII. — Dr Giraudet. *Les Artistes Tourangeaux*, p. 69.

Quoi qu'il en soit, au-dessous de l'inscription du cloître on a écrit, à la même époque, en romaines et cursive :

FATO........ *maior*
Mr. CHESNEAV 570

Peut-être dans ce *fato major*, y a-t-il une réplique au *fatjs* du premier ouvrier, donnée par le continuateur des travaux, à savoir Chesneau qui a gravé son nom avec la date 1570. Entre *fato* et *major* est un mot devenu illisible, où l'on pourrait voir Drouet.

Telles sont, avec les médaillons renfermant des têtes d'artistes d'un caractère bien personnel, les seules indications que nous avons pu découvrir. Nous espérons que l'avenir viendra les compléter en livrant quelque jour son secret.

CHAPITRE VII

LOUIS II DE BOURBON. — SES FONDATIONS PIEUSES.

Après la mort du prince de la Roche-sur-Yon, sa veuve continua de résider à Champigny, dont elle ne cessa de faire les charmes par son esprit, son amabilité, la fraîcheur et l'apropos de sa mémoire, que nous montre si bien sa correspondance avec plusieurs princes de France et d'Allemagne. « Très honorable, sage et vertueuse dame, comme parle Brantôme, elle vécut jusqu'à cent ans et sa vieillesse était très belle ; ni le sens ni la parole ne lui manquaient. »

Quant à Louis II de Bourbon, il avait épousé Jaqueline de Longvy, fille du seigneur de Givry, en présence même du roi François Ier. Comme une tige elégante qui pousse ses feuilles et ses fleurs à l'ombre d'un arbre seculaire, s'épanouissait autour et à l'école de l'aïeule ce jeune couple spirituel et aimable, qui l'entourait de l'affection la plus vive et des attentions les plus empressées. Il ne faut pas croire, d'ailleurs, que la noble veuve vécût dans l'isolement : son père le connétable de Bourbon, François II et son épouse, la reine mère et d'autres grands personnages la visitèrent à plusieurs reprises, dans sa jolie demeure des bords de la Veude.

De son côté, en fidèle continuateur des intentions et des œuvres de son père, le duc de Montpensier s'attachait à embellir sa résidence et à pousser activement les travaux de l'église collégiale. Pendant que, par suite de certains legs faits par des personnes de la localité, par des chanoines comme Gaspard Ruer, Etienne Néron et André Legier, ou par d'autres prêtres comme Michel Amonnet, aumônier de notre châtelain, l'aisance du chapitre augmentait. — Louis II de Bourbon, grâce à l'influence heureuse de sa mère et surtout de son épouse, obtenait la cession des comtés de Montpensier, du Dauphiné, des baronnies de la Bussière et de la Roche en Régnier. Bientôt après, en 1538, François Ier érigeait le comté de Montpensier en duché en faveur du seigneur de Champigny. La Sainte-Chapelle y trouva son compte pour l'élégance et le fini des décorations.

L'année 1551 nous donne une nouvelle preuve de la sollicitude du vertueux duc pour le bon ordre du chapitre. D'accord avec les chanoines, il ajouta aux statuts deux nouveaux articles pour établir que « les revenus des dignités et chanoinies vacantes, appartiendront au trésor de ladite église », et que « les chanoines reçus dorénavant payeraient pour leurs chapes deux livres tournois .» C'est l'époque même où Henri II établissait à Tours un présidial avec huit conseillers.

Il n'y avait pas longtemps que la bonne duchesse de Montpensier était décédée (1561), que des obsèques magnifiques lui avaient été faites en présence des plus grands personnages et des ambassadeurs de la cour, et que son corps avait été déposé dans le caveau de la Sainte-Chapelle auprès de celui de son mari, lorsque le seigneur de Champigny fit une autre perte, encore plus sensible s'il se peut, en la personne de son épouse dont on ne savait qu'admirer le plus, de l'esprit, de l'aménité ou de l'habileté et de la prudence dans les affaires les plus difficiles.

A la douleur profonde que Louis ressentit de la privation de ces deux existences qui lui étaient si chères, il faut joindre la peine que lui causèrent les entreprises des ennemis de la France, tant du dedans que du dehors. Héritier du patriotisme des de Blo et des d'Artois, il n'hésita jamais, même en face des incertitudes de plusieurs, à prendre parti pour le roi et la patrie contre les étrangers et les révoltés, quels que fussent d'ailleurs leur puissance et leur nombre ; et, si on peut lui adresser un reproche, c'est d'avoir mis au service de sa conscience trop de zèle et d'inflexibilité. Il n'avait pas besoin d'ailleurs de remonter si haut. Son père, au cours des guerres d'Italie, sous Charles VIII et François Ier, avait donné des preuves de sa valeur à Verceil et à Marignan. A son exemple, Louis II ne se laissa rebuter par aucun obstacle, ainsi qu'il l'a montré au plus fort des insurrections protestantes. A l'appel de l'archevêque de Tours, Simon de Maillé, il fit rentrer dans l'ordre les séditieux qui remplissaient la ville de Tours de leurs agissements et de leurs désordres (1555).

Les protestants, sous la conduite du prince de Condé exercent-ils leurs ravages impies et iconoclastes dans le sud-ouest de la Touraine, à l'Ile-Bouchard, à Azay et surtout à Chinon ? Louis de Bourbon s'empresse de quitter Champigny pour arrêter leurs insolences ; en particulier, il rétablit la paix à Chinon où les Huguenots s'étaient fait un jeu de l'outrage, du meurtre et du pillage. Envahissent-ils le Poitou, en commençant par sa propre demeure ? Il dédaigne de défendre ce qu'il regarde comme une chose privée, pour voler au secours de l'armée catholique ; et le 3 octobre 1569, de concert avec le duc d'Anjou, il défait à Moncontour les belligérants commandés par Coligny qui bat en retraite vers Niort. Faisons remarquer en passant que la Sainte-Chapelle a gardé la trace des coups des réformés : la marque des boulets paraît encore sur ses murs.

Les services multiples de Louis II ne restèrent pas sans récompense. Le roi l'avait nommé, en 1560, gouverneur et lieutenant général de la Touraine : charge qu'il garda et remplit dignement jusqu'en 1565, époque à laquelle il vit un autre lui-même, son fils François de Bourbon, lui succéder dans cette haute dignité dont l'avait honoré la confiance royale (1). Charles IX

(1) Coutureau, *Vie du prince de Montpensier*. — Brantôme, *Mémoires*,

avait tenu du reste à rendre visite à son loyal serviteur. A la fin de septembre 1565, il passa quelques jours à Champigny et y solennisa la fête de saint Michel, selon que l'atteste une inscription du cloître.

Cependant le soin des choses politiques et militaires ne faisait pas négliger au seigneur de Champigny les devoirs de la religion et de la charité chrétienne.

On n'a pas oublié « l'aumosnerie » due à la générosité de Charles d'Artois et de Jeanne de Beauçay. Louis II de Bourbon fit agrandir cet hôpital. Aux cinq pauvres déjà dotés par ses prédécesseurs, il en ajouta dix autres à perpétuité, avec certains biens, cinq cents livres tournois de rente et un prêtre chargé de faire le service divin et de diriger la maison au spirituel et au temporel, gestion dont il était tenu de rendre compte chaque année. Cette fondation, ou plutôt cet accroissement d'une antique fondation, eut lieu en 1563.

Quelques années plus tard, afin de répondre aux désirs de ses parents, « et de suivre leurs bonnes volontés et saintes décisions, ainsi que pour la gloire de Dieu et l'augmentation du service divin, et afin de participer aux prières et aux oraisons de la religion et discipline du glorieux confesseur et ami de Dieu, monsieur saint François, » le duc de Montpensier fit bâtir un monastère pour y recevoir à perpétuité « un certain nombre de religieuses du tiers-ordre de Saint-François, et y tenir forme et règle de religion ». L'établissement se composait des salles nécessaires pour les exercices et le logement, avec chapelle et grande cour, le tout entouré d'un enclos de plusieurs arpents. A la demande du noble seigneur, le pape Pie V, par une bulle spéciale, confirma l'érection de ce monastère, qu'il appela « Notre-Dame de Bonne-Espérance ». Le parlement de Paris enregistra l'acte de fondation le 20 décembre 1570.

De fait, l'année suivante, seize religieuses franciscaines et deux novices quittaient le couvent de Saint-Julien de Château-Gontier, qui avait eu fort à souffrir des guerres de religion, et venaient

---

tome III. — Cérémonial de la collégiale Saint-Louis. — Lettres du duc de Montpensier au connétable de Montmorency.—Maan, *Sancta et metropol.*, p. 197. — M. de Couguy, *Chinon*.

prendre possession de leur nouvel asile, auquel le prince fit, en outre, don d'une rente de 300 livres. Cette famille religieuse avait la faculté de recevoir six autres membres, mais à la condition que les dernières venues apporteraient une dot suffisante. Au nombre des nouvelles sœurs nous trouvons des noms d'une grande distinction, comme Catherine de la Fléchère, Marguerite de Cuissé, Marthe de Paradier, Angélique de la Fosse, Madeleine de Valoges, Jeanne de la Félinde et enfin Jeanne et Martine de Quatrebarbes.

Quelle était l'intention particulière de Louis dans cette œuvre? Dans sa pensée, ce couvent avait pour mission de prier et faire « célébrer à perpétuité une grand'messe de *Requiem* pour le duc et ses ascendants et ses descendants ». Au doyen et au curé de Champigny, chargés du service divin et de la surveillance de la maison, le monastère devait payer 30 sols, « pour offices, instructions, administration des sacrements et sépultures desdites dames religieuses. » Le couvent était sous la haute direction de l'évêque de Poitiers, Champigny relevant de cette officialité (1).

Vers ce temps, Louis de Bourbon eut la satisfaction, bien due à ses mérites, de voir terminer une difficulté relative à la cure de Champigny ; car on n'ignore pas qu'outre la collégiale et les chapelles conventuelles, notre localité possédait et possède encore une église paroissiale qui ne manquait pas d'intérêt.

Fixons rapidement les principaux traits de cette affaire. En 1096, Robert de Blo, fils de Josselin, concède à l'abbaye de Noyers « les revenus, oblations et collation de l'église, située au bord de la Veude et consacrée à la sainte Vierge ». Depuis cette époque, nous y voyons des bénédictins et, en particulier, dans la seconde moitié du XII° siècle, Pierre de Balgence et Odon avec le titre de *prieurs*. Grâce à certains dons, ils augmentent les rentes du prieuré. Les moines jouirent tranquillement de ce bénéfice jusqu'au jour où, à la demande du prince Louis, le pape Léon X, par une bulle de 1515, annexa au chapitre l'église Notre-Dame, ainsi que nous l'avons vu plus

---

(1) Archives du département d'Indre-et-Loire, G. 280, 281, 282. — Bibliothèque municipale de Tours, ms. 1311.

haut. Mais la bulle expédiée ne fut pas chose conclue : environ un demi-siècle après, la question n'avait pas encore reçu de solution. En l'année 1562, nouvelles instances près du pape, qui ordonna à son légat auprès de Charles IX de terminer le différend. Le légat publia les lettres d'incorporation, et en confia l'exécution au vicaire général de l'archevêque de Tours, Jacques Bienassis, qui était en même temps abbé commendataire de l'abbaye bénédictine de Bois-Aubry, située non loin de Noyers, sur la rive opposée de la Vienne.

Enfin les formalités préalables remplies, le 27 août 1568, en présence des procureurs de l'archevêque de Tours, de l'évêque de Poitiers, du doyen du chapitre de Saint-Louis et de l'abbé de Noyers, la cure de Champigny fut annexée officiellement à la mense capitulaire. Les clauses du contrat imposaient au chapitre le devoir de nommer à la cure ou prieuré « un ou deux vicaires capables de remplir les fonctions pastorales », et de payer au couvent de Noyers « quatre septiers de bled, huit livres, avec toutes les rentes et obligations dont le prieuré demeure grevé ». Les abbés de ce monastère y puisaient le droit de « nommer toujours à la première vicairie du chapitre » (1).

Du portique de la Sainte-Chapelle où siégea ce tribunal ecclésiastique, nous pénétrons à l'intérieur, afin d'y suivre l'histoire des verrières dont la confection se rattache à l'époque même de Louis II de Bourbon.

CHAPITRE VIII

LES VITRAUX DE LA SAINTE-CHAPELLE

Nous ne dirons rien ici du sujet de ces magnifiques verrières, notre intention étant d'en donner la description dans la seconde

---

(1) Cartulaire de Noyers, ch. 591, 604. — Archives de la collégiale de Champigny. — Bibliothèque municipale de Poitiers. — Archives d'Indre-et-Loire.

partie. Nous nous bornerons à retracer en quelques lignes l'histoire de ce chef-d'œuvre de la peinture sur verre, en rappelant les faits qui ont échappé à l'oubli. A cet égard trois questions se posent comme d'elles-mêmes : Quel personnage a donné ces vitraux ? A quelle époque remontent-ils ? Quel en est l'auteur ?

Le donateur est le mieux connu. Il est certain en effet que, sinon tous, au moins la plupart ont été offerts par Claude de Longvy, cardinal de Givry, duc et pair de France. La preuve est en toutes lettres dans la première fenêtre, où nous lisons qu'il a « doné les vitres de ceste chapelle ».

En réalité, le cardinal de Givry a-t-il donné toutes « les vitres », pour parler comme la légende ? Il a bien pu les commander toutes ; mais il serait difficile de soutenir que, de fait, il les a toutes offertes, puisqu'il est mort en 1561, et qu'il y a des parties qui sont postérieures de plus de trente ans.

Quand Claude de Longvy a-t-il fait ce don vraiment princier ? En d'autres termes, à quelle période faut-il faire remonter les vitraux ?

Tout porte à croire que c'est à l'occasion du mariage de sa nièce Jacqueline de Longvy avec Louis II de Bourbon, seigneur de Champigny, c'est-à-dire après 1538. D'ailleurs, ainsi que nous l'avons dit précédemment, le travail de construction ne fut achevé que quelques années plus tard. De plus, dans la onzième verrière, se voient les portraits de Henri de Bourbon et de Henriette de Joyeuse : or ce mariage n'eut lieu qu'en 1597. Pour demeurer dans la vérité historique, il est donc nécessaire de placer la confection des vitraux, pour une faible portion comme les derniers portraits, à la fin du XVIe siècle ; et, pour le reste, vers le milieu du siècle.

Essayons de préciser davantage. Dans l'inscription où Claude de Longvy est indiqué comme donateur, il porte les titres de « cardinal, évesque et duc de Langres. » Or s'il fut revêtu de la pourpre en 1533, il ne devint évêque de Langres que près de vingt ans plus tard. Ainsi en 1555, son vicaire général, Jean d'Amoncourt, lui succédait sur le siège de Poitiers. Il gouverna son nouveau diocèse de Langres jusqu'à sa mort, arrivée en 1561 : il avait alors quatre-vingts ans.

Le cardinal de Givry, à une grande fortune augmentée encore

des revenus de plusieurs baronnies et châtellenies, joignait le goût des belles choses. Il restaura et orna somptueusement plusieurs jolies résidences, par exemple celle de Missy, où il décéda. Il fit des présents aux monastères Saint-Etienne et Saint-Bénigne de Dijon, dont il était abbé. Sa cathédrale fut particulièrement l'objet de sa munificence. Entre autres œuvres d'art, il la dota d'une chaire monumentale en forme d'arc triomphal, et de tapisseries d'une beauté extraordinaire. De son vivant, il fit ériger, à gauche du maître-autel, le mausolée de marbre dans lequel il voulut être enseveli (1).

Pour ce qui est de la personne de l'auteur des verrières, elle est encore enveloppée d'un voile épais. Il appartient à la grande lignée de ces artistes chez lesquels la modestie n'est en rien inférieure au talent et qui produisent leurs chefs-d'œuvre sans chercher à revendiquer la gloire, quand ils ne défient pas adroitement la curiosité bien légitime de la postérité. A cet égard en effet, il n'est aucunement besoin de recourir à « la conspiration du silence organisée par le clergé contre les architectes laïques (2) ; » les habitudes et les mœurs du temps suffisent à expliquer ces énigmes, bien que le nôtre ait, et pour cause, de la peine à les comprendre.

Avec l'attention la plus scrupuleuse nous avons parcouru la chapelle et examiné chaque fenêtre. Nous n'y avons absolument rien rencontré qui pût trahir l'*incognito* de l'artiste, à moins qu'il ne faille voir un commencement de révélation dans la présence de deux petits personnages placés au bas du premier vitrail, dans une position très effacée et bien propre à les tenir dans l'ombre.

Est-ce une raison pour se croiser les bras et ne pas tenter de soulever quelque coin du voile ? Assurément non : le problème vaut bien la peine qu'on cherche la solution, alors même qu'on ne parviendrait pas à en tirer l'inconnue.

Une remarque qui tout d'abord saute aux yeux des visiteurs, c'est la différence qui existe entre la première et la seconde série des verrières. Dans les unes et les autres le dessin est d'une grande correction, l'ordonnance parfaite et le mouvement des

---

(1) *Gallia christiana*, II, col. 1204, — IV, col. 634, 635.
(2) Viollet-le-Duc, *Dictionnaire d'architecture*.

draperies excellent. Mais sous d'autres rapports, et spécialement au point de vue du coloris, il règne entre elles une distance assez grande.

En outre la légende des derniers vitraux se différencie des précédentes, en ce qu'elle n'est pas formulée de la même manière ; elle est plus correcte, les abréviations y sont plus rares et les caractères y ont une forme plus allongée ; il y a plus de régularité. Pour ce qui est du sujet en lui-même, sans cesser d'avoir une remarquable précision, il devient plus mouvementé : dans le même espace on voit agir un plus grand nombre d'acteurs. Les personnages, sans rien perdre de leur souplesse, ont plus de vigueur et de mâle énergie. La perspective est plus achevée. Autour du thème principal se groupent une foule de détails, d'épisodes qui lui donnent toute la variété désirable sans rien ôter à l'unité.

S'agit-il des émaux ? Nous ne retrouvons plus cette vivacité, cette puissance incomparable de coloris. Il semble que celui qui a composé la dernière portion des vitraux ait perdu le secret de ces tons étincelants, diamantés, qui le disputaient à toutes les nuances de la nature ; à moins qu'on ne préfère admettre que, plus ami du dessin, de l'agencement, le peintre ait visé autant et plus à bien ordonner son *tableau* qu'à empâter sa palette de couleurs éblouissantes.

Que conclure de ces réflexions ? La conséquence est que l'on pourrait croire, sans trop de témérité, que les verrières de Champigny sont l'œuvre de deux ateliers, de deux ouvriers fort habiles l'un et l'autre dans la connaissance de leur art, mais ayant une manière différente. Mais alors quels sont-ils ?

Bien des hypothèses plus ou moins vraisemblables ont été émises à ce sujet. En Touraine, les historiens ont généralement attribué les vitraux à Robert Pinaigrier, qui fut, à Tours, le chef d'une école célèbre de peinture sur verre (1). Mais il est à remarquer que sa mort advint vers 1550, époque de la confection des verrières (2). Pourtant il aurait pu en recevoir la com-

---

(1) Mémoires de la Société archéolog. V. p. 82, 200. — Mgr Chevalier, *Promenades pittoresq.* — Joanne, *Géographie d'Indre-et-Loire.*

(2) Dr Giraudet. *Les artistes tourangeaux,* p. 325.

mande, les commencer et en laisser la continuation à ses enfants déjà fort en renom. Cette opinion se fonde tout à la fois sur la tradition, sur le témoignage de l'historien Chalmel, qui affirme avoir vu un contrat, en même temps que sur une raison de vraisemblance. Robert venait en effet de peindre de très beaux vitraux dans l'église Saint-Gervais à Paris et dans la cathédrale de Chartres. Ces travaux et d'autres de premier ordre lui avaient fait une réputation éclatante. Il est donc tout naturel de penser qu'on s'adressa à notre artiste tourangeau pour les verrières de la collégiale Saint-Louis. Ses fils d'ailleurs étaient là pour reprendre et finir son œuvre. Louis de Bourbon, qui occupait une situation si bien en vue dans la Touraine, dont il devint gouverneur et lieutenant général, devait connaître l'atelier des Pinaigrier et n'a pu manquer d'avoir des relations avec eux. Il est vrai que le donateur est l'évêque de Langres; mais il ne faut pas oublier qu'à l'époque où se faisaient les vitraux, Claude de Givry était baron de Châteauneuf et trésorier de la collégiale de Saint-Martin de Tours (1).

On a mis en avant d'autres noms d'artistes tourangeaux, comme Georges Duboys, qui exécuta, en 1579, plusieurs verrières « bien et deument paintes » par la grande galerie du château de Chenonceau; mais les preuves font défaut. En outre, tandis que d'aucuns se plaisent à rattacher nos vitraux à l'école flamande, parce que dans le dessin, dans la vigueur des traits, dans le costume des reîtres et des seigneurs, on retrouve le faire des maîtres du Nord comme Holbein et Durer; d'autres ont prétendu qu'ils appartiennent à l'école de Bourgogne. Dans la pureté du dessin et dans la beauté du coloris, on a voulu retrouver la maëstria de Jean Cousin, qui remplit le xvi° siècle de la gloire de ses œuvres; mais il est difficile de n'être pas frappé de la différence qui existe entre les vitraux de Champigny et ceux de Vincennes, considérés comme étant véritablement du maître bourguignon. Il est vrai que, dans cette opinion, il ne serait l'auteur que du vitrail du centre, la crucifixion, qui est si remarquable à tous égards et se différencie complètement des autres. A ce point de vue nous n'aurions rien à objecter. En effet le

(1) *Coustumes de France*, II.

cardinal de Givry fut évêque de Langres, et partant n'a pu manquer de connaître l'illustre Jean Cousin, qui vivait et travaillait sur la frontière de son vaste diocèse.

Sans nous arrêter à signaler l'analogie qui pourrait exister entre la chapelle de Champigny et celle de Brou construite par Marguerite d'Autriche, également au commencement du xvi° siècle, sous le rapport soit de l'architecture, soit des verrières, nous indiquerons deux documents qui ont le double avantage d'être sûrs et de nous mettre à même de jeter un peu de lumière sur la question, au moins pour ce qui regarde les derniers panneaux des portraits. François de Bourbon, fils de Louis II, épousa, en 1566, Renée d'Anjou, fille de Nicolas d'Anjou, comte de Saint-Fargeau et baron de Mézières-en-Brenne (Indre). Cette seigneurie, qui relevait alors du duché de Touraine, possède une belle chapelle, avec de remarquables vitraux. Bâtie en 1522, elle fut consacrée en 1559. On y voit les portraits des seigneurs. Ces mêmes portraits, c'est-à-dire celui de François de Bourbon et de son épouse Renée, se montrent également dans notre sainte chapelle. Or, on sait que le baron de Mézières, le 13 janvier 1564, passait un marché avec deux peintres verriers de Saint-Fargeau pour qu'ils eussent à réparer les vitraux de son église, à rétablir les pièces brisées et à mettre le cordon de l'ordre du roi à son effigie et autour de son écusson. Les deux artistes se nomment Claude Boyssec et Germain Chambenoyt. Lors donc qu'il s'est agi, à l'occasion du mariage de Renée avec François, deux ans après, de placer le portrait et les armes de nos seigneurs dans la collégiale de Champigny, il n'est pas invraisemblable de croire que la châtelaine engagea son beau-père et son époux à prendre les artistes qui avaient travaillé pour son père et l'avaient pleinement satisfait, ainsi que l'attestent toujours les somptueuses verrières de Mézières (1).

La dernière fenêtre renferme en outre deux portraits qui, sans doute, ne sont pas l'œuvre des artistes qui ont fait les premiers vitraux : il s'agit de Henri de Bourbon revêtu des ordres du roi qu'il ne reçut qu'en 1595, et de Henriette-Catherine de Joyeuse, qu'il n'épousa qu'au mois de mai 1597. Nous avons à

---

(1) *Bulletin de la Société archéol.*, II p. 371.

cet égard un document qui ne nous paraît pas tout à fait indifférent à la question. En effet moins de dix ans après la pose du dernier panneau des portraits, deux peintres verriers de Chinon, René Grézil et Arnoul Ferrant, passent avec le dict Mgr Henri de Bourbon un contrat notarié, le 23 juin 1607, en vertu duquel il leur est alloué annuellement, pendant dix ans, soixante livres, « pour l'entretien de toutes les vittres du dict château de Champigny tant vieil que nouvellement faict, de la basse court et la sainte chapelle, de fournir par eux de verre et plomb nécessaire aux entretiens, en sorte qu'il n'advienne aucune démolition aux dictes vittres, sans être promptement et à l'instant réparée, sauf touttes fois que où il arriverait de grands vents et tonnerre qui feissent dégast de plus de demy panneau d'icelles, tant de la dicte chapelle que logys ci-dessus, ce ne sera aux despends des dicts vittriers de les remettre, ains à Monseigneur, qui leur a promys par chascun pied de verre la somme de 4 solz de verre blanc, et quant au verre d'appareil, leur sera payé à l'estimation qui en sera faicte par les officiers de ce lieu, outre la somme de 60 livres, et doibvent être fourniz d'une chambre pour travailler en ce lieu et de boys nécessaire à fondre le plomb et chauffage de leurs fers » (1).

Faut-il conclure de cette pièce que Grézil et Ferrant ont travaillé aux dernières verrières de la Sainte-Chapelle? Non : la conclusion dépasserait les prémisses, ce qui est contraire aux principes de la critique historique non moins que de la logique.

Cependant, on nous permettra bien de rappeler certains détails qui méritent d'être mis en relief.

A propos du château et peut-être aussi de la Sainte-Chapelle, il est question de travaux nouvellement faicts : c'est donc assez récemment que venaient de s'achever certaines œuvres de construction et de verrerie. D'un autre côté, les ouvriers en question sont appelés « maistres peintres et vittriers », et ils sont chargés non seulement des grosses réparations et de l'entretien des parties moins délicates, comme le plomb, le fer et les verres blancs, mais encore ils s'engagent à « remettre les verres d'appareil », quel que soit le dégât fait aux panneaux.

(1) Archives départementales, *Etat des charges de Champigny.*

Les grosses réparations, ils les feront sur les lieux, ce qui veut dire que pour les travaux plus difficiles, ils les exécuteront dans leur atelier de Chinon.

De cet ensemble de circonstances il nous paraît ressortir que nous ne sommes pas en face d'ouvriers vulgaires, ni même de peintres simplement habiles, mais de véritables artistes qui ont une réputation toute faite, fondée sur un talent réel et reconnu. Autrement comment admettre que le seigneur de Champigny, qui avait à un si haut degré l'amour du beau, aurait eu la témérité de leur confier pour dix ans l'entretien et les réparations, même les plus importantes, de cette merveille de la peinture sur verre ?

C'est donc, à défaut de preuves directes, rester dans les limites de la saine critique que d'incliner à admettre que peut-être Grézil et Ferrant ne sont pas étrangers au travail des derniers panneaux, et que le duc de Montpensier leur a commis l'entretien de ces joyaux parce qu'il les avait vus à l'œuvre dans le travail de confection. Nous connaissons d'ailleurs d'autres artistes de cette famille, entre autres, Robert Grésil qui, dans la seconde moitié du xvie siècle, travaillait pour le compte du duc d'Anjou, et Étienne Grésil qui épousa la fille d'un autre peintre angevin (1).

Nous ne savons rien de plus sur l'histoire des vitraux au xviie siècle. Au siècle suivant, ils subirent d'assez graves dommages par suite d'un ouragan. Naguères nous avions lu, sur les murs du cloître, cette inscription de la main d'un chanoine : « Le 10 décembre arriva une tempête et un grand tonnerre » ; mais l'année fait défaut. Un renseignement confié aux registres du chapitre complète cette première indication. Il nous apprend que « le 9 décembre 1711, la nuit, à 2 heures du matin, il fit un vent si violent qu'il renversa les halles de ce lieu, un grand arbre devant le collège, qu'il jeta à terre et cassa un grand nombre de panneaux des vitraux de la Sainte-Chapelle » (2). Nous ne saurions dire en quoi consistèrent les dégâts. Les mots employés

---

(1) Dr Giraudet, *Les artistes tourangeaux*, p. 208. — C. Port, *Les artistes angevins*.

(2) Archives du château de Champigny.

donnent à entendre qu'il ne s'agit pas simplement des fers ou des plombs, mais bien des verres eux-mêmes : c'est tout ce que nous pouvons en écrire.

Une « tempeste » bien autrement désastreuse allait s'abattre sur la Sainte-Chapelle et s'attaquer aux vitraux. Soit haine contre les princes, soit mépris pour les objets du culte, soit tout cela à la fois, la main des vandales de 1793 se posa sur les verrières et entreprit de les enlever pour les détruire ou les vendre. En les descendant, on brisa une partie des sujets et des inscriptions, surtout dans les panneaux des portraits. Elles allaient donc avoir le sort funeste de tant d'autres œuvres d'art, lorsque M. de Quinson, ancien receveur général du clergé, qui avait déjà fait l'acquisition du château, acheta la Sainte-Chapelle pour 2,416 francs de principal et 118 francs de rente, et sauva ainsi de la ruine monument et verrières (1). Une fois la tourmente passée, M. de Quinson s'occupa à les faire replacer. Mais, en partie par suite de l'ignorance où l'on était alors de la science du blason, en partie à cause de la ressemblance de certains écussons et des mutilations survenues, il se produisit plusieurs déplacements et transpositions de personnages, d'écus et de légendes.

Une restauration subséquente, plus mûrie et plus attentive, a fait disparaître ces erreurs. Ce travail, qui a porté plus particulièrement sur les fenêtres du midi, est dû aux soins pieux de M. le comte de la Roche-Aymon et au talent bien connu de M. Lobin, qui continue la grande tradition artistique des Pinaigrier et des Cousin. C'est encore à M. de la Roche-Aymon, qui avait une vraie dévotion pour sa chapelle, que l'on doit le rétablissement de portions extérieures gravement mutilées, et en particulier de certaines gargouilles et des clochetons qui couronnent les contre-forts.

Naguère, dit-on, un archevêque, ami du beau, a tenté d'acquérir ces verrières pour une basilique qu'il se proposait d'édifier, tandis que, de leur côté, de riches milords essayaient de les transporter au bord de la Tamise. Heureusement ces diverses tentatives n'ont pas abouti. Le bijou est là dans son écrin : il doit y rester.

(1) Archives du département d'Indre-et-Loire, *Biens nationaux.*

CHAPITRE IX

DERNIÈRES ANNÉES DE LOUIS II DE BOURBON
SON FILS FRANÇOIS DE BOURBON

De son mariage avec Jacqueline de Longvy, le seigneur de Champigny eut plusieurs enfants, dont la plupart du sexe féminin. Les unes, comme Françoise et Anne épousèrent Henri-Robert de la Marche, duc de Bouillon, et François de Clèves, duc de Nevers ; les autres, comme Jeanne et Louise, devinrent abbesses de Sainte-Croix de Poitiers, ou de Faremoutier. La plus célèbre de toutes est Charlotte, qui fut abbesse de Jouarre. François de Bourbon est le seul fils né de cette union.

Devenu veuf, Louis résolut de contracter un second mariage avec Catherine de Lorraine, fille de François de Lorraine, duc de Guise, et d'Anne d'Est : elle était alors âgée de dix-neuf ans. Le contrat se passa à Angers le 4 février 1570, en présence du roi Charles IX, de la reine-mère, du duc d'Anjou, depuis Henri III, des cardinaux de Lorraine, de Guise et de Bourbon, et de plusieurs autres princes, princesses et grands seigneurs. La dot fut de trois cent mille livres : le roi en donna cent mille, « tant en considération des recommandables services rendus à Sa Majesté par le duc de Montpensier et défunt le duc de Guise, qu'à cause de la proximité du sang qui était entre eux. » Le douaire était de dix mille livres.

On peut supposer sans invraisemblance que, à l'arrivée des nouveaux époux, Champigny vit ses salles magnifiques, ses vertes pelouses et ses riants bosquets retentir de brillantes fêtes.

Le duc de Montpensier ne recueillit guère de cette union que les tracasseries de la maison de Guise, auxquelles s'ajoutèrent les tristesses que lui causa le caractère indépendant de sa fille Charlotte. Prétextant que sa vocation n'avait pas été libre, elle quitta l'abbaye qu'elle habitait depuis dix-huit ans, pour se retirer, en 1572, auprès du comte Palatin. Elle encourut ainsi l'indignation de son père, qui ne lui rendit ses bonnes grâces que longtemps après, par l'entremise de Henri de Navarre.

Dans le courant de la même année, au mois d'octobre, Louis quitta la Bretagne où il se trouvait, pour recevoir et saluer, dans son château des bords de la Veude, le roi et la reine de Pologne, qui venaient de la Rochelle et se rendaient à Paris.

Quelques semaines plus tard, Anne, épouse de François de Clèves, duc de Nevers, mourut en couches. Ses obsèques, qui furent très solennelles, eurent lieu à Champigny, le 25 novembre : le roi Charles IX et Henri de Navarre s'y firent représenter par des gentilshommes, porteurs de lettres de condoléances. Anne de Montpensier fut enterrée dans le caveau de la Sainte-Chapelle, à côté de Louise de Bourbon, son aïeule (1).

Il ne faudrait pas croire cependant que le seigneur de Champigny ne rencontrât de toutes parts que sujets de douleur. Son fils, François de Bourbon, le consolait par son tendre amour en même temps que par sa fidélité à sa patrie et à son Dieu. « Brave et excellent prince, distingué par son éminente religion, » il partageait sa vie entre le soin des affaires publiques et les devoirs de la piété filiale. Par lettres patentes données à Champigny le 15 septembre 1565, il avait succédé à son père dans le gouvernement de la Touraine, dont il se démit cinq ans plus tard, après avoir été le modèle du bon lieutenant et du bon citoyen.

En 1566, François de Bourbon demanda et obtint la main de Renée d'Anjou, fille unique du marquis de Mézières. Malgré la promesse faite au duc du Maine, cadet du duc de Guise, le mariage eut lieu et Renée se rendit à Champigny en compagnie du bon et loyal comte de Chabannes. Cette alliance ne contribua pas peu à allumer la haine que le duc de Guise nourrit dès lors contre le duc de Montpensier.

Pendant que Renée d'Anjou se reposait dans son château, comme dans une sorte d'oasis pacifique, loin du bruit des camps et du tumulte des villes, François de Bourbon guerroyait partout où l'appelaient les entreprises des protestants. Dans les inter-

---

(1) Coutureau, *Vie du duc de Montpensier*. — Brantôme, *Vie des hommes illustres*, tome III. — Dreux-Duradier, *Bibliothèque du Poitou, III.*

valles de la lutte, il venait secouer la poussière des batailles et retremper la tendresse de ses sentiments auprès de son épouse chérie. Cependant nos châtelains quittèrent Champigny, François pour assister à l'entrée de Henri III dans Paris, et Renée pour faire un voyage au château de Mézières, où elle mit au monde un fils qui reçut le nom de Henri (1573).

Déjà Champigny avait vu dans ses murs les plus grands personnages du temps, depuis Charles IX jusqu'à Henri III : Catherine de Médicis y vint à son tour. Inquiète, non moins que le roi, à l'endroit des desseins du duc d'Alençon qui s'était échappé du Louvre pour se rendre à Loches, elle entreprit d'essayer des moyens de conciliation, afin de l'empêcher de donner la main aux révoltés. Elle quitte donc Paris, va à Loches et de là à Champigny. Elle comptait fort sur l'influence si sage et si autorisée des ducs de Montpensier pour arriver à une entente pacifique. Elle était accompagnée des maréchaux de Cossé et de Montmorency ; le duc d'Alençon vint ensuite la rejoindre. Sans obtenir ce qu'elle désirait, elle réussit néanmoins à faire conclure une trêve de sept mois, à partir du 22 novembre 1579.

Trois ans plus tard, Louis de Bourbon, qui touchait à sa soixante-neuvième année, s'éteignait paisiblement dans son palais des bords de la Veude. Ses contemporains lui décernèrent le nom si touchant et si expressif de « bon duc ». Et, de fait, sa vie entière avait été employée au service de la vérité, de la religion et de la patrie : « Dieu et la France, » telle était sa devise. Pareil au preux de la Bible, d'une main il avait tenu vaillamment l'épée des combats, et de l'autre il s'attachait à faire le bien et à être utile à tous. Il avait commandé les armées du roi pendant treize ans, livré nombre de batailles et remporté quatre grandes victoires. Ses dernières années devaient être consacrées d'une façon toute spéciale à l'exercice des bonnes œuvres. Il légua cent livres de rentes à l'hôpital de Champigny qu'il avait déjà étendu de ses largesses, et résolut de continuer les dix-huit maisons de la *rue des Cloîtres*, destinées à servir de logement aux chanoines de la Sainte-Chapelle : aux deux extrémités il devait y avoir une porte cochère avec clef (1).

---

(1) Coutureau, *Vie du peintre de Montpensier*. — Brantôme, *Vie des hommes*

Après la mort de Louis II, il s'éleva une difficulté entre sa veuve Catherine de Lorraine et le duc François. Se fondant sur son titre de légataire universelle des meubles de son époux, Catherine ne prétendait à rien moins qu'à retenir les ornements de la collégiale. François de Bourbon lui contesta ce droit. Portée devant la cour, l'affaire fut tranchée par un arrêt du parlement du 7 juin 1585, qui donna raison au duc de Montpensier contre la demande de sa belle-mère.

Dix années s'étaient à peine écoulées depuis le décès de son père, lorsque François de Bourbon mourut à Falaise (1592). Son fils Henri était âgé de dix-neuf ans.

CHAPITRE X

HENRI DUC DE MONTPENSIER. — SA FILLE MARIE.

On eût dit que tout ce que la lignée des ducs de Montpensier renfermait de foi vive, de valeur infatigable, de bonté exquise et de dignité chevaleresque devait s'épanouir en la personne du jeune Henri. Digne à tous égards de recueillir ce patrimoine d'honneur et de fidélité à la royauté nationale, et sentant battre dans son cœur la passion des nobles choses, il vole à l'armée d'Henri de Navarre. Le prince qui vient de faire son abjuration, personnifie trop bien à ses yeux la monarchie traditionnelle pour lui permettre d'hésiter. Au siège de Dreux (1593), le duc Henri prouva une fois de plus que

La valeur n'attend pas le nombre des années.

Dans l'entraînement de la lutte, le 18 juin, il reçut au visage une large blessure d'où s'échappa une grande quantité de sang. Il en conserva une maladie de langueur qui devait prématurément le conduire au tombeau.

illustres, tome III. — Bibliothèque municipale de Tours : *Articles de la trêve*, 719, etc.

Néanmoins il fut tour à tour gouverneur de Normandie et commandant de plusieurs armées. A l'âge de vingt-six ans, il épousa Henriette-Catherine de Joyeuse, fille unique du duc Henri de Joyeuse, maréchal de France, et de Catherine de la Valette. Par sa grâce et ses brillantes qualités, Henriette sut faire le bonheur de son époux et de ceux qui l'approchaient.

L'un et l'autre s'appliquèrent à répandre le bien autour d'eux. Poussé par cet attachement pour les choses religieuses qui était traditionnel dans sa famille, Henri fonda, à Champigny, en 1604, un couvent de Minimes. On voit encore, à l'entrée du bourg, les bâtiments et la chapelle dont l'autel, en style grec, a été placé dans le château. Au xviiie siècle, le monastère comptait six religieux et avait un revenu de quinze cents livres. Les premiers supérieurs ou correcteurs furent Jardin, Lemercier et Meusnier. A la suite d'un pèlerinage qu'il fit à Lorette, le duc de Montpensier bâtit la chapelle de « la Bonne-Dame », autrement de Notre-Dame de Lorette, qui n'offre rien d'intéressant pour l'amant des beaux-arts.

A mesure qu'approche la fin de sa carrière, il semble que Henri redouble d'assiduité à l'office de la collégiale, de dévouement pour son épouse et de tendresse pour sa petite Marie, parée de toutes les grâces enfantines de l'aurore de la vie : elle était née le 15 octobre 1605. Nous sommes en 1608 : le noble châtelain de Champigny n'a que trente-cinq ans, et cependant il touche à l'année qui doit recevoir son dernier soupir. Les forces d'Henri s'affaiblissent de plus en plus. Il est bientôt réduit à garder la chambre, puis le lit. Durant sa maladie, il ne cessa de s'en remettre à la volonté de Dieu, qu'il priait avec ferveur surtout pendant le silence de la nuit. Il soutenait son courage par la vue habituelle du crucifix, par la méditation des vérités chrétiennes et par la sainte communion. Lorsqu'il sent la mort approcher, le jeune duc exprime ses dernières volontés, console son épouse en larmes, — qu'il n'a pas besoin de recommander à Henri de Joyeuse, devenu religieux capucin après la mort de sa femme et présent aux côtés du malade, — et confie sa fille bien-aimée au fidèle Montoblon en l'adjurant, si elle meurt sans enfants, de retourner ses biens à la couronne de France. Enfin il ordonne de fermer désormais sa chambre à tous les visiteurs, excepté aux personnes consacrées à Dieu, afin de n'être plus aucunement distrait de la pensée des choses du ciel.

C'est le 27 février que Henri de Montpensier rendit sa belle âme à son Créateur. A l'annonce de sa mort, ce fut partout un deuil profond. Petits et grands, serviteurs et princes ne purent retenir l'expression de leurs regrets. Qui n'eût pleuré en effet ce prince « pieux, vaillant, patient et juste » dont l'existence était sitôt moissonnée, et qui déjà semblait avoir toute la prudence et la sagesse d'une vieillesse consommée ? En apprenant cette triste nouvelle, Henri IV fit de lui le plus bel éloge : « Il a, dit-il, bien aimé Dieu, servi son roy, bienfait à tous et jamais fait de tort à personne. » On consacra ce royal panégyrique en le gravant sur le tombeau de Henri de Montpensier.

Nous n'essayerons pas de redire avec quelle solennité et quel immense concours de peuple, de gentilshommes et de seigneurs, furent célébrées les obsèques du duc de Montpensier. Son corps fut déposé dans le caveau de ses ancêtres. Comme si la mort eût donné son dernier mot et épuisé sa redoutable puissance en frappant cette tête parée de tant de mérites, d'éclat et de jeunesse, il fut le dernier qu'on y descendit. Son épouse lui fit ériger, dans une chapelle de la Collégiale, un magnifique tombeau de marbre dont nous donnerons plus loin la description (1).

La fille de Henri de Montpensier, Marie de Bourbon, devait hériter tout ensemble des domaines et des excellentes qualités de son père. Elle porte les titres de duchesse de Montpensier, de Châtellerault et de Saint-Fargeault, souveraine de Dombes, dauphine d'Auvergne, marquise de Mézières et dame de Champigny. Sa beauté, les charmes de son esprit et de son cœur, le relief de son nom, l'étendue de ses possessions, tout la prédestinait à un brillant avenir.

La reine Marie de Médicis, qui fit un voyage à Champigny à l'automne de 1619 et 1620, songea à la jeune duchesse pour son fils Gaston d'Orléans. Le prince se montra d'abord peu sensible à ces avances ; enfin il consentit et l'épousa à Nantes, le

---

(1) P. Anselme, *Histoire généalogique de la maison de France.* — Bibliothèque municipale de Tours, mss. 1218, 1234, 1441. — Inscriptions de la Sainte-Chapelle. — Archives d'Indre-et-Loire, *Minimes,* G. 601, E, 143, 157, 209, 279.

7 août 1625. Les vertus de Marie de Bourbon et la naissance d'une charmante enfant changèrent bientôt en un tendre attachement les froideurs du frère de Louis XIII. C'est en avril 1626 que le palais du Louvre entendit les premiers vagissements d'Anne-Marie-Louise d'Orléans, appelée plus tard « la grande Mademoiselle ». Elle eut pour marraine Anne d'Autriche et pour parrain le cardinal de Richelieu. La petite Anne venait à peine de faire son entrée dans la vie qu'elle perdit sa mère, dont elle ne put que sentir les premiers baisers. La duchesse de Montpensier mourut le 4 juin 1627, et fut enterrée dans la royale nécropole de Saint-Denis. Une table de marbre noir, placée dans la chapelle de Champigny, indique qu'il devait y être célébré une messe basse tous les vendredis de chaque semaine, et un service tous les ans pour le repos de son âme.

Cependant Anne-Marie grandit aux Tuileries, sous le gouvernement de Mme de Saint-Georges et sous le regard bienveillant de Louis XIII et de la reine Anne d'Autriche, qui venaient souvent la voir et qu'elle s'habituait à appeler gentiment « son petit papa » et « sa petite maman ». On connaît trop l'histoire de la fille de Gaston, avec tout ce qu'elle renferme de piquant et d'original, pour que nous nous arrêtions à l'exposer ici : il nous suffit, à cet égard, de renvoyer le lecteur soit aux travaux spéciaux, soit aux *Mémoires* eux-mêmes de Mlle de Montpensier. Nous préférons présenter la physionomie de Champigny au XVIIe siècle au point de vue domanial, en donnant le tableau des principales redevances de la châtellenie.

CHAPITRE XI

REDEVANCES DE LA TERRE DE CHAMPIGNY AU COMMENCEMENT DU XVIIe SIÈCLE.

Nous n'avons encore rien dit de la valeur du domaine de Champigny. Quelques indications vont nous en fournir une idée. Un bail du 12 décembre 1620 donnait à ferme pour 7 ans « les terres, Chatellenye, justice et seigneurye de champigny, chanvant, la Rajace et Thizay avec les appartenances, fruits, émoluments appartenant à la princesse Henriette-Catherine de Joyeuse, duchesse de Guize », pour la somme de 1,950 livres par an en principal. Etaient réservés le château, les basses-cours et jardins, le droit de collation et de présentation des bénéfices et offices, les greffes, le grand étang affermé à part au profit de Mademoiselle (1). Enfin le bailleur était obligé de payer annuellement les redevances et obligations dont nous présentons ici le tableau :

« A MM. du chapitre, par testament de feu Mgr le prince de la Roche-sur-Yon, pour cinq anniversaires qu'il a ordonnés être dicts pour le remède de son âme, 12 livres 10 sols.

A eux pour la messe de Bourbon qui se dict chascun jour de l'an en leur esglise, 50 l.

A eux pour la messe de Notre-Dame qui se dict chascun sabmedy en l'église de la paroisse, fondée par feu Mgr Loys de Bourbon, 10 l.

Au chappelain qui dit les trois messes chascune sebmaine, sçavoir le lundy de sainte Catherine, le mardy de sainte Néomaye, et le vendredy de la Passion en la chappelle du chasteau de la Rajace, fondée par testament de feu Madame, 25 l.

Pour une messe basse fondée par testament de feu Mgr le duc Loys pour estre dicte en chascune sebmaine à tel jour qu'il décédera, 6 l. 10 s.

Au chappelain qui dict la messe saint Joseph fondée à perpétuité chascune sebmaine par feu Mme Loyse de Bourbon à dire derrière le grand autel en la dicte église Saint-Loys, 15 l.

A celui qui dict celle fondée par Mgr en la chapelle Notre-Dame de Lorette, 15 l. 12 s.

A MM. du chapitre, par testament de feu Monseigneur dernier décédé pour service qu'il a fondé en la dicte église, 50 l.

Au secrétain pour le luminaire de Pasques, 25 l.

Au maistre des enfants de chœur de la dicte église Saint-Loys pour sa portion ordinaire et de ses enffants, 100 l.

(1) Archives d'Indre-et-Loire, G. 279.

Au maistre des enffants, d'augmentation à luy ordonnée par Monseigneur oultre le bled, vin et boys, pareille somme de 100 l.

A l'aubmosnier de Saint-Aignan par testament de feu Mgr le duc Loys pour la nourriture de dix pauvres qu'il a mys et ordonnés d'augmentation en la dicte aubmosnerie, 6 l.

Au maistre du collège du dict Champigny que Monseigneur a pareillement ordonné pour l'instruction de la jeunesse, 200 l.

Plus a Monseigneur fondé et ordonné à l'hostel de Champigny, 100 l. de rente.

Plus a ordonné par son testament pour ayder à marier cinq pauvres filles, 250 .

Pour la pension de six pauvres ordonnés à volonté, qui ont un boisseau de mousture par sepmaine et quinze deniers, 19 l. 10 s.

A Noël Sauvestre, couvreur, la somme de sept vingt livres par an pour l'entretien de toutes les couvertures du dict château de Champigny tant vieil que nouveau, la saincte chapelle, basses-cours et autres édiffices du château, la chapelle du grand parc et logis qui en sont, ceulx du parc du bois Enain, les logis des grands jardins, les halles et auditoire, la grange de la mestayrie, la chappelle Notre-Dame-de-Lorette, le chasteau de la Rajace, pressoir et appenty, ensemble la soubdure et eschenaulx des édiffices cy-dessus, lui fournissant du charroy pour amener la matière sur les lieux, par son bail pour 9 années à commencer le 25 février 1603.

A mesdames de Bonne-Espérance pour la pension viagère de sœur Jehanne Justin, religieuse du dict monastaire, à elle ordonnée par feu Mgr le duc Loys par mandement du 16 décembre 1580, 20 l.

A sœur Catheryne Duboy, religieuse, pour la pension viagère accordée par Mgr le duc Loys en considération des services de feu M. René Duboys son père, procureur fiscal de Champigny, 40 l.

Aux perres mynimes de Champigny pour services que feu Mgr a dernièrement fondés en leur église, 40 l.

Au commandeur de l'Isle-Bouchard d'antienne fondation, 7 l.

Aux cordeliers de Croussay pour participper aux prières et suffrages de leur couvent, 40 s.

Au seneschal de Champigny pour ses gages, 20 l.

A son lieutenant, 7 l. 10 s.

Au procureur fiscal, oustre deux charretées de foing, trois cents de fagots et trois charretées de gros bois, 20 l.

Au procureur de Mgr au siège royal de Chinon, 100 s.

Au procureur de Mgr au siège royal de Saulmur, 100 s.

Au sieur Beauregard, maistre des eaux et forest; ayant charge de ménagement de Champigny, 120 l.

A Renée Rochelle, veufve de Gilles Leclerc, concierge au château de Champigny, 30 l. de pension assignée sur M. Peyrat trésorier et récepteur général et cy employé au lieu de feu Charles Gouppil, garde de partye des meubles du dict chasteau.

A Salatiel Néron, concierge du chasteau par brevet du 8 février 1580, avec six septiers de froment, 100 l.

A Charles Clerin, portier du dict chasteau, avec huit septiers mousture, 500 l.

A Simon Bernardin, portier du grand parc et valet de fourrière, 58 l. 5 s.

A Françoys Bonhomme, garennier pourveu par Mgr le duc Françoys, avec huit septiers de mousture, 12 l. 10 s.

A Loys, fils de Guillaume Aubert, garennier par provision de feu Mgr donnée à Rouen le 21 mars 1597, 12 l. 10 s.

A Charles Guillebert, garennier à Champvant par provision donnée à Caen le 12 juing 1595, 12 l. 10 s.

A Jacques Chevalier et L. Chevalier son fils, maistre jardinier, la somme de 550 livres que Madame leur a accordée par chascun an durant trois années commencées le 15 septembre dernier, pour la façon et entretien des grands jardins du chasteau. — Auparavant autre convention avait été faicte avec le dict Chevalier pour la façon et entretien des palissades, parterres et bordures des dict jardins ; et à Pierre Robin, Laurent Charon et René Fleurant, autres jardiniers, pour bêcher, cultiver, planter et labourer les dicts jardins la somme de 270 livres par chascun an.

A Estienne Peignault dict Rambure, l'un des valets de chambre de feu Mgr, en reconnaissance de ses services pour ses gaiges, sa vie durant par brevet de 1598, 75 l.

A Léonard Pinault, valet de chambre de feu Mgr le duc Françoys, pour ses gaiges sa vie durant, en considération de ses services, 90 l.

A Vincent Poupart, en considération de ses services par luy rendus en l'estat d'escuyer de cuisine durant vingt années, 50l. »

Ces charges en espèces sont suivies de l'état des redevances en nature que nous résumons :

« A MM. du chapitre Saint-Loys à cause de la cure du dict lieu, quatre septiers froment, mesure de Champigny, deux septiers seigle, — à cause du prieuré du dict, quinze boisseaux et demy seigle, deux septiers mousture, mesure de Foye, une demye poulle.

A la fabrice de Champigny, un boisseau froment, quatre boisseaux seigles.

Au curé d'Assay, six bois. from. — Au curé de Ligré, dix sept. from. — Au commandeur de l'Isle-Bouchard, douze bois. from., mesure du lieu, et deux chappons. — Au curé du Sablon, deux sept., six bois. from., mesure de Foye. — Au chevecier de Foye, un sept. trois bois. from. — Au curé de Teneuil, six bois. from. — Au prieur des Thinaulx, trois sept. seigle, six sept. mousture mesure de Lodun, quatre chappons, une livre de cire.

Au maistre des enfants de chœur de Saint-Loys, quatre sept. from., huit sept. mousture, trois pippes de ving, un mille fagots, douze chartées de gros boys.

Aux Cordeliers de Lodun en aulmosne pour estre compris aux prières du couvent, six bois from., six bois. seigle. — Aux carmes du dict lieu pour semblable cause, six bois. from., six bois. seig. — Aux Jacobins de Poictiers pour pareille cause, six bois from., six bois. seig. — Aux Augustines de Chinon pour pareille cause, six bois. from., six bois. seig. — Aux cordeliers de Croussay par aulmosne et pour estre compris aux prières de leur église, 12 bois. from., 12 bois seig. — Aux cordeliers de Châtellerault, pour pareille cause, 12 bois. from.

Aux religieuses de Bonne-Espérance, pour tant qu'il plaira à Mgr, mestail dix sept., un mille de fagots, six chartées de gros boys et deux chartées de foin chascun an, rendu et livré dans leur maison. — Aux six pauvres par aulmosne, vingt-cinq sept. huit bois. mousture.

A François Duché qui conduit l'horloge au lieu de Jehan Derellic, six sept. mousture. — Au concierge du château, six sept. from. — Au portier, huit sept. moust. — Aux deux garenniers, chacun huit sept. moust. — Au garennier de Champvant, huit sept. moust. — Au portier du chasteau pour la nourriture des cygnes et paons, 144 bois. d'avoine. — Au concierge de la Rojace, six sept. moust. — A Symon Bernardin, portier du grand parc et valet de fourrière, quatre sept. six bois. mousture. »

Telles sont les principales redevances que devait payer le fermier général. Nous les avons extraites d'un « Estat » arrêté à Champigny, le 18 novembre 1608, et revêtu de la signature même de Catherine de Joyeuse. Vers ce temps, dans un bail semblable, les fermages en argent étaient évalués 3,205 livres 4 sols ; et, en y comprenant les charges en nature, 3,836 livres 18 sols (1).

CHAPITRE XII

LE CARDINAL DE RICHELIEU, GASTON D'ORLÉANS ET MADEMOISELLE

Cependant le duc d'Orléans avait recherché et obtenu la main de Marguerite de Lorraine, fille de François de Lorraine. C'était l'heure où le tout-puissant cardinal de Richelieu travaillait à élargir son domaine et à préparer l'érection en duché-pairie de la ville qui porte son nom. Il acheta du duc de la Trémoille la baronnie de l'Ile-Bouchard, puis la seigneurie de Faye-la-Vineuse et de la Chapelle-Belloin. Enfin la princesse de Conti lui vendit la terre de Chinon pour 60 mille livres tournois. Le roi, par lettres patentes de 1631, érigea le tout en duché.

Après cela Champigny pouvait-il bien rester libre et indépendant à quelques pas de Richelieu ? L'ambition du ministre de Louis XIII fut servie à point par l'humeur inconstante et par

(1) Archives d'Indre-et-Loire, G. 279.

les embarras multiples de Gaston d'Orléans. Le cardinal le força à échanger la châtellenie de Champigny pour la seigneurie de Bois-le-Vicomte, après avoir mis comme condition préalable la démolition du beau château de Montpensier, à la réserve des servitudes. Le contrat d'échange fut passé à Paris le 27 février 1635 (1).

On prétend qu'il ne tint pas aux efforts du nouveau propriétaire que la Sainte-Chapelle eût le sort du manoir. Mais il fallait pour cela l'autorisation du pape. Urbain VIII, l'esprit encore tout rempli des splendeurs qu'il avait admirées à Champigny, lors de sa nonciature en France, s'y refusa nettement. Sachons nous souvenir de ce service rendu par la papauté à la cause des beaux-arts dans notre province.

La seigneurie de Champigny ne devait pas rester bien longtemps aux mains du cardinal de Richelieu et des siens.

Mlle d'Orléans étant venue en Touraine dans la compagnie de son père, voulut faire un voyage au domaine de ses aïeux dont elle avait maintes fois ouï parler aux jours de son enfance. Elle se rendit donc à Champigny, où elle visita tout d'abord la chapelle, « comme un lieu où la mémoire de ses prédécesseurs semblait l'obliger à prier pour le repos de leur âme ». Le passage de la jeune et aimable princesse réveilla tout à coup le souvenir des splendeurs d'autrefois et excita dans la population un enthousiasme qui n'échappa point à Mme d'Aiguillon, nièce du cardinal de Richelieu, accourue pour recevoir la noble voyageuse. Les bons chanoines furent remplis d'allégresse et confièrent à une inscription du cloître le soin de rappeler que « le 7 septembre 1639, Mlle la duchesse d'Orléans a faict son entrée dans la saincte chapelle ».

En visitant cette terre, « il lui sembla, — c'est elle qui parle, — ressentir je ne sais quoi de tendre pour les gens qui y sont enterrés. » Dès lors elle prit la résolution de faire casser le contrat d'échange et de reprendre son domaine de Champigny. « Il me paraissait, ajoute-t-elle, que mes aïeux m'inspiraient ce que je devais faire et me fortifiaient dans le dessein que j'avais

(1) Archives d'Indre-et-Loire, G., 279. — A. Duchesne, *Histoire de la maison du Plessis*.

de retirer leur maison des mains de gens qui les avaient indignement traités (1). »

La princesse fit aussitôt part de son projet à son père qui ne se dissimula point les difficultés dont cette démarche allait être la source. Elle se mit résolûment à l'œuvre et confia l'affaire aux soins de conseillers habiles et dévoués qui n'épargnèrent rien pour la faire réussir. Anne-Marie vit bientôt le résultat répondre à son désir. Un jugement rendu par le parlement porte qu' « elle rentrera dans la terre de Champigny, et qu'elle rendra à M. de Richelieu Bois-le-Vicomte et la Vernalière ; que ce dernier lui paiera la démolition de sa maison et qu'il aura recours contre Monsieur, qui s'était engagé en son propre et privé nom ; enfin que, dans quinze jours, le duc de Richelieu (qui avait hérité de Champigny en 1642, à la mort du cardinal) optera entre faire rebâtir la maison ou donner à Mademoiselle l'argent en dédommagement. »

La clause de recours contre Gaston fut le point de départ d'une longue et épineuse procédure entre le duc d'Orléans et sa fille, ainsi qu'avec le duc de Richelieu.

Enfin, en 1656, intervint une sentence qui cassait la garantie accordée au duc de Richelieu et donnait pleinement gain de cause à Mademoiselle. Lorsqu'elle apprit cette nouvelle, à sa demeure de Saint-Fargeau, elle en reçut une joie si grande qu'elle s'empressa d'aller remercier Dieu à la chapelle. A quelque temps de là, grâce à l'entremise du duc de Béthune, une entrevue pacifique eut lieu à Blois entre le père et sa fille.

La paix faite avec Gaston d'Orléans, son procès gagné, Anne-Marie rentra dans sa terre de Champigny, qu'elle avait hâte de revoir. En conformité avec l'arrêt du parlement, on nomma des experts à l'effet d'évaluer les dommages-intérêts édictés par la sentence. Ils furent fixés à cinq cent cinquante mille livres. Il suffit de remarquer cette somme, en tenant compte de la dépréciation considérable de l'argent, pour comprendre quelles magnificences devait offrir aux regards le château des ducs de Montpensier. Comme terme de comparaison nous rappellerons, avec un éminent historien, que trois siècles plus tard, le château et

---

(1) Mémoires de Mlle de Montpensier.

la terre de Chenonceau ne furent vendus que cent trente mille livres (1).

Une fois en possession de Champigny, Mademoiselle mit tous ses soins à entretenir ce qu'elle avait eu tant de peine à récupérer. Elle fit réparer les dégâts qui pouvaient l'être et refaire à neuf les ponts qui avaient gravement souffert. Elle n'oublia pas la Collégiale.

Le chapitre, alors composé de cinq dignitaires, de quatre chapelains, de deux vicaires et d'un maître de psalette, lui adressa une requête pour exposer l'état de gêne où il se trouvait réduit, ainsi que les prétentions vexatoires du vicaire perpétuel nommé à la cure. Elle décida, « du consentement des habitants, » que l'on réunirait et incorporerait à la manse capitulaire « le collège et ses dépendances, l'hôpital et une rente de deux cent cinquante livres, destinée au mariage de cinq pauvres filles ». Une clause spéciale portait que le « collège serait tenu par l'un des chanoines, de vie, de mœurs et de qualités requises et capable d'enseigner la grammaire et les lettres humaines; et que, moyennant ces nouvelles redevances, les statuts touchant la résidence et les fonctions des chanoines seraient rigoureusement observées à la lettre ». Ce qui donne à entendre qu'il y avait eu relâchement à cet égard, au cours de la longue procédure dont nous avons parlé. L'arrêt de réunion est du 6 avril 1671. Le mois suivant, Louis XIV, par lettres patentes datées de Dunkerque, le confirmait en vertu « de la pleine puissance et autorité royale ».

Un peu plus tard, en 1680, Mademoiselle donna une nouvelle preuve de sa bienveillance pour le chapitre de Saint-Louis, en accordant aux chanoines l'autorisation d'être inhumés dans la nef de la Sainte-Chapelle (2).

(1) Mgr Chevalier, *Promenades pittoresques*, p. 485.
(2) Mémoires de Mlle de Montpensier, tom. XL, XLI, XLII. — Ses lettres. — Archives d'Indre-et-Loire, G. 279, 280, 281. — Bibliothèque de Tours, ms. 1311.

CHAPITRE XIII

LA MAISON D'ORLÉANS ET DE RICHELIEU. — LA RÉVOLUTION.

En 1685, Anne d'Orléans fit son testament. Louis XIII avait un second fils, Philippe de France, qui épousa Henriette d'Angleterre, fille de Charles Ier. Mademoiselle légua Champigny et ses autres domaines à son cousin qu'elle établit son légataire universel. Huit années après ces dispositions testamentaires, la mort la frappa à Paris à l'âge de soixante-sept ans. Elle laissait le souvenir d'une vie où des boutades de caractère avaient parfois traversé les plus rares qualités et fait échec aux plus légitimes prétentions.

A la mort de Philippe de France, arrivée en 1701, Champigny vint en la possession de Philippe II d'Orléans, qui épousa Françoise-Marie de Bourbon, fille de Louis XIV, et fut régent pendant la minorité du jeune Louis XV. Notre châtellenie suivait ainsi, hélas ! la fortune de la France. De l'une et l'autre on pouvait dire mélancoliquement avec le poète :

Majores... cadunt altis de mortibus umbræ.

C'est à peine si, de loin en loin, on trouve à signaler un événement de quelque importance, comme la visite de Mgr de la Poype, évêque de Poitiers, le 12 novembre 1706. Il confirma les privilèges accordés au chapitre, sauf à apporter ensuite quelque changement dans leurs usages, tels que la procession fondée par un doyen de la collégiale en 1631. Le chanoine Bazille, c'est son nom, avait légué une rente à ses confrères avec l'obligation pour ceux-ci d'assister, tous les troisièmes dimanches de chaque mois, un cierge à la main, à une procession en l'honneur du Saint-Sacrement. Elle devait être suivie d'un *De profundis* pour le repos de son âme. L'ordinaire régla, en 1773, qu'à l'avenir elle se ferait le premier dimanche.

Le Régent mort, c'est sous son fils et successeur, Louis duc d'Orléans, premier prince du sang, marié à la fille d'un prince allemand et décédé à l'abbaye de Sainte-Geneviève en 1772, que la terre de Champigny entra dans la famille de Richelieu. Nous avons vu que naguère la maison de Richelieu l'avait possédée à titre provisoire pendant quelque vingt ans ; cette fois, elle la conserva jusqu'à l'époque de la révolution. Mais nous devons rappeler que, avant de transmettre son domaine, Louis d'Orléans opéra un changement notable dans le personnel et dans le fonctionnement du chapitre.

En l'année 1742, les chanoines de Saint-Louis s'adressèrent à lui pour montrer la détresse à laquelle ils étaient condamnés. Leurs revenus, tout compris, ne montaient qu'à 4,600 livres, et leur personnel s'élevait à dix-neuf membres. Ils lui demandèrent en conséquence « de vouloir bien réduire le nombre des bénéficiers au chiffre porté par la bulle d'érection, c'est-à-dire à neuf », par manière d'extinction, de façon que « lorsqu'il y aurait des décès ou des démissionnaires, le revenu des prébendes fût réversible sur chacun des survivants ».

Le duc d'Orléans acquiesça à la requête du chapitre. Le 4 juillet 1749, il rendit dans ce sens une ordonnance qui réglait en détail l'ordre d'extinction et la part réversible pour chacun. Il terminait par un appel à l'exacte observation des statuts et règlements. Cruelle ironie des événements !

Le souffle de la frivolité et de l'incrédulité aidant, nous assistons à la suppression totale d'un autre pieux asile.

On se souvient qu'en 1565, Louis de Bourbon avait fondé un couvent de franciscaines. Florissant vers le milieu du xviie siècle, où il compta jusqu'à vingt-quatre religieuses, ce monastère vit ses bâtiments tomber en délabrement et ses hôtes se retirer, avec l'autorisation de l'évêque de Poitiers, dans d'autres maisons de leur ordre. En 1748, les franciscaines demandent la suppression de leur communauté et leur réunion à celle de Mirebeau. Après une enquête sérieuse, ordonnée et dirigée par l'évêque diocésain, la réunion fut décrétée. Tandis qu'une portion des biens revint au couvent de Mirebeau, l'autre partie fut annexée à l'hôpital de Saint-Aignan, pour l'acquit de charges diverses, entre autres celle de payer à l'ex-supérieure une rente de 250 livres. En 1760, toutes les difficultés étant aplanies et les formalités remplies, le roi sanctionna ce qui avait été fait.

Au cours de ces négociations, Champigny changea de possesseur. Ainsi que nous l'avons dit plus haut, Louis, duc d'Orléans, pair de France et grand maître des ordres de Notre-Dame du Mont-Carmel et de Saint-Lazare, vendit cette seigneurie avec les domaines de la Rajace, Thizay et leurs annexes, à Louis-François Duplessis, duc de Richelieu, pair et maréchal de France, marié à Elisabeth de Lorraine. L'acte est du 7 juillet 1750. La vente fut effectuée au prix de 130,000 livres dont 80,000 livres payables de suite, et le reste dans une période de quatre années sans intérêt aucun. Dans le contrat, le duc d'Orléans se réservait les offices de greffier aux insinuations laïques.

La Sainte-Chapelle n'avait rien à gagner à ces changements. Elle fut assez délaissée par les châtelains. Ce que voyant, en 1766, les chanoines rappelèrent au duc de Richelieu les nécessités urgentes de l'entretien. Leur demande fut entendue : la collégiale reçut des réparations en l'année 1783 (1).

Durant cette phase de décadence et d'oubli, — qui aboutit à l'effervescence de 1789, puis au frémissement de 1791 et enfin au cataclysme sanglant de 1793, — Champigny appartenait à Louis-Antoine Duplessis, duc de Richelieu, pair et maréchal de France, dont le fils servit dans l'armée de Russie et prit énergiquement la défense des intérêts de son pays, à la conclusion du traité de 1815. Dernier trait par où le soir de cette gloire qu'a connue Champigny ressemble à la splendeur de son aurore. Au milieu des tristesses qui marquèrent ces derniers jours, nous sommes heureux de retrouver, au bout de cette chaîne si longue de châtelains, ce grand et généreux amour de la patrie qu'ils se sont transmis jusqu'à la fin comme le plus précieux et le plus indestructible des patrimoines.

Cependant la Révolution se lève sur le monde. Tandis que d'une main elle saisit injustement le bien des Français, de l'autre elle s'essaie à prendre brutalement leur tête. Que vont devenir la collégiale et la châtellenie ? Nous sommes en 1790. Les chanoines de Saint-Louis, de concert avec les Minimes, font des déclarations favorables. Il faut excepter pourtant M. Prosper Lesuire qui fut poursuivi pour une démarche inopportune. In-

---

(1) Statuts du chapitre. — Archives d'Indre-et-Loire, G. 279, 280, 282. — P. Anselme, *Histoire de la maison de France*, t. IV, c. 18.

carcéré à Richelieu, puis errant dans la campagne chinonnaise, il finit par porter sa tête sur l'échafaud dans la ville de Tours.

La fête de la Fédération arrivée, la vieille chapelle essaie de sourire une dernière fois en voyant, au milieu d'une grande pompe, le colonel de la garde nationale présenter son drapeau tricolore à la bénédiction du doyen qui lui donne l'accolade. Puis, dans la vaste cour du château, se déroulent les flots de la foule enthousiaste que précède le nouvel étendard national. C'est encore de l'ivresse : à bientôt le *délirium tremens*, les violences, la Terreur. En vain les chanoines essaient d'exhausser leurs protestations de civisme au niveau des exigences des sectaires ; en vain, en présence des bruits de suppression de leur collégiale et de mainmise sur leurs biens, ils déclarent « qu'ils ont toujours été personnes charitables et de bonne vie, prêts à secourir l'indigence et le malheur » : le chapitre de Saint-Louis partage le sort des autres institutions religieuses et sombre dans le déluge universel de toutes les libertés. Enfin, avec la confiscation par l'État, viennent la spoliation, l'outrage et le sacrilège par les hordes révolutionnaires.

Le dernier propriétaire de Champigny avant la révolution fut le maréchal Louis-Antoine Duplessis, duc de Richelieu ; le dernier doyen de la collégiale fut Antoine, chevalier de la Brosse.

Les seigneuries de Champigny, de la Rajace et de Thizay furent vendues le 21 août 1791. M. de Quinson, chevalier de Saint-Louis, ancien receveur général du clergé, en fit l'acquisition pour la somme de deux cent treize mille cent livres. Il acheta, cinq ans plus tard, la Sainte-Chapelle, qui échappa ainsi au vandalisme des pillards (1). Pendant les semaines lugubres de la Terreur, M. de Quinson resta à Paris. Aux jours où se faisait une éclaircie, il en profitait pour venir à Champigny qu'il administrait habituellement par son fidèle régisseur, appelé Henri. Lorsque l'ouragan révolutionnaire fut apaisé, M. de Quinson se retira dans sa nouvelle campagne, à laquelle il

---

(1) Archives du chapitre. — Archives du département d'Indre-et-Loire. G. 282, *Biens nationaux*. — Bibliothèque de Tours, *Manifeste du chanoine Lesuire*.

s'efforça de restituer quelque chose de son ancienne splendeur, sans négliger de répandre autour de lui toutes sortes de bienfaits.

Son neveu, M. le marquis Costa de Beauregard, premier écuyer de Charles-Albert, roi de Sardaigne, à qui il transmit ce domaine en 1825, eût à cœur de marcher sur ses traces et d'accomplir d'importants travaux de restauration au château et à la collégiale. Il n'est pas jusqu'à l'immense étang, creusé par les ducs de Montpensier, que M. de Costa n'ait réussi à rétablir vers 1847.

Depuis l'année 1860, le château et la terre de Champigny appartenaient au comte Augustin de la Roche-Aymon, qui n'a pas mis moins d'empressement que son prédécesseur à entretenir et à restaurer la Sainte-Chapelle. La mort l'a ravi prématurément à l'affection des siens. Avec son riche patrimoine il a légué à ses enfants et petits-enfants de beaux exemples de vertu et d'amour des choses élevées. Sa noble veuve se plaît à chercher une consolation dans l'exercice de la religion, la pratique du bien et le culte du beau. La Sainte-Chapelle est son joyau de prédilection. Nous sommes sûr qu'elle n'épargnera rien de ce qui peut achever d'en rehausser l'éclat.

Nous avons parcouru la première partie de notre carrière. Il nous reste à passer des faits aux monuments, de l'histoire à l'archéologie.

II. — PARTIE ARCHÉOLOGIQUE

CHAPITRE I

LA SAINTE-CHAPELLE. — L'EXTÉRIEUR. — LE PORTIQUE

Tout d'abord ce qui frappe l'œil le moins exercé, c'est la différence qui existe entre le monument lui-même et le péristyle qui le précède. Tandis que la chapelle proprement dite se rattache à l'époque de transition qui marque le passage du gothique à l'ère nouvelle, le portique, par l'ensemble aussi bien que par les détails, se relie à la renaissance italienne. Un examen plus attentif nous en convaincra facilement.

Le péristyle mesure 12 mètres de longueur sur 5 de profondeur. Sa façade a toute la gravité de l'antique. Elle est percée, au milieu, d'une porte large et élevée avec arc à plein cintre; quatre colonnes à base rectangulaire la décorent. Deux de ces colonnes encadrent la porte d'entrée; les deux autres sont aux extrémités. L'espace compris entre les colonnes est occupé en bas par deux fenêtres romanes, et au sommet par deux œils-de-bœuf pleins. Naguère ce portique était recouvert d'un dôme qu'on a remplacé par une plate-forme. Les colonnes et les piliers, au nombre de huit, ont un chapiteau du plus beau corinthien. Sur le tout règne un remarquable entablement dont la corniche est décorée de modillons et d'une rangée de petits denticules, tandis que la frise se fait remarquer par des rinceaux en forme d'S séparés alternativement par deux ailes ou *vols* couronnés, et par la lettre *L* avec deux bourdons croisés en sautoir, portant l'aumônière et l'écaille du pèlerin en souvenir des croisades.

Sur chacun des rinceaux on lit le mot *espérance*. C'est la devise même de l'ordre de N.-D. du Chardon, intitué par Louis de

Bourbon, arrière petit-fils de Robert, en 1360. Les chevaliers, au nombre de vingt-six, portaient la ceinture en velours bleu céleste doublée de satin rouge et brodée d'or, avec le mot *espérance* en relief. Nous retrouvons ici cette ceinture et cette devise parce que les Bourbon-Montpensier appartenaient à cet ordre dont ils devinrent même les chefs, en qualité de descendants du fondateur. Souvent, d'ailleurs, nous aurons l'occasion de les remarquer en compagnie du *vol* et de *L* couronnés, comme emblèmes héraldiques de Louis de Bourbon.

Si nous pénétrons sous le péristyle, nous sommes frappés par un véritable luxe d'ornementation aussi bien sur les parois des murs qu'aux caissons de la voûte. Aux motifs que nous connaissons déjà, il faut ajouter un double étage de colonnes grecques superposées; des médaillons dont le sujet n'a pas été traité, mais dont l'intention paraît assez dans ce *Samson* avec un lion, du genre de ceux qu'on voit au cloître de Saint-Martin de Tours; des symboles formés d'une main sortant de la nue, qui tient des lances brisées et jetant des flammes; des guirlandes de roses élégamment découpées, et onze niches d'environ cinq pieds d'élévation, jadis occupées par autant de statues : celle de saint Louis se trouvait au centre.

Le portique confine aux ailes latérales du cloître avec lesquelles il communique par deux portes. Une porte romane plus grande conduit à la chapelle. Elle est ornementée d'une profusion d'arabesques et de rinceaux. Outre les *L* et les *vols* couronnés, on distingue deux écussons fleurdelisés, surmontés d'un lambel à trois pièces pendantes, qui sont les armes de la maison d'Orléans. Quatre personnages en demi-relief figurent les quatre vertus cardinales : la Justice tient une balance, la Prudence un flambeau, la Force une colonne brisée et la Tempérance une coupe. Les nielles qui relevaient ces divers sujets sont presque totalement effacées, et plusieurs autres parties ont été endommagées.

Au-dessus du portique, le mur de la façade est décoré d'une rosace simple, divisée dans le sens de la hauteur en trois compartiments ovales, dont celui du milieu, plus allongé, touche l'intrados de la circonférence de l'œil-de-bœuf. A la base du pignon court une galerie bordée d'une élégante balustrade à jour : les intervalles des balustrades sont remplis par la ceinture de l'ordre du Chardon, repliée en forme d'*S*. Cette balustrade repose sur une rangée de consoles du meilleur effet. Quant au fronton lui-même, il est percé de deux fenêtres romanes, séparées par un pilier décoré de moulures. De chaque côté, l'archivolte porte dans son prolongement l'*L* et le *vol* couronnés.

Ces fenêtres sont surmontées de deux blasons superposés dont l'inférieur est plus petit. Ils ont ceci de commun que tous deux sont couronnés et appartiennent à la maison de Bourbon-Montpensier, c'est-à-dire portent « trois fleurs de lis d'or avec bâton de gueules en bandes ». L'un est accompagné de la ceinture de Notre-Dame du Chardon. L'autre, qui remplit le sommet du pignon, est supporté par deux cerfs ailés, dressés, à la ramure chevillée de quatre cors, dont les pieds antérieurs soutiennent l'écu, tandis que ceux de derrière reposent sur une langue de terre. Ce blason est entouré du collier de l'ordre de Saint-Michel, auquel pend une croix : le tout sur manteau fourré d'hermine, et surmonté d'un casque en front et grillé comme il appartient aux gouverneurs de provinces et aux commandants d'armée.

Deux belles statues de haute dimension décoraient jadis les deux pignons. Sur le pignon occidental on voyait un saint Louis la couronne en tête et le sceptre royal à la main. Chaque année, le 25 août, jour de sa fête, le chapitre « baillait six livres » à celui qui voulait gravir le toit, et parer de fleurs la statue de son pieux patron. Le pignon oriental montrait la statue de saint Michel, tenant sous ses pieds le dragon qu'il frappe de sa lance, suivant le type traditionnel reproduit d'ailleurs dans tous les blasons entourés du collier de l'ordre de Saint-Michel.

Ce n'est pas sans une certaine surprise que l'œil, par un mouvement tout naturel, passe de cette façade élancée et de ces armoiries princières au maigre clocher. C'est une sorte de tour hexagone sans grâce, recouverte d'ardoises. Mais il faut se souvenir que le clocher primitif était en pierre et d'une forme très élégante. Les contre-forts du campanile, d'une rare délicatesse, étaient couronnés de fleurs de lis. Selon le témoignage d'un contemporain, il était « artistement travaillé, d'une hauteur prodigieuse et renfermait les cloches et un bel horloge. » Aux XVIIe

et xviii° siècles, il fut gravement endommagé par la foudre, si bien qu'au lieu de le réparer, on le remplaça par celui qu'on voit présentement (1). La restauration de la flèche des Bourbons serait digne de tenter le goût si élevé de la noble châtelaine de Champigny.

Bien que nous soyons à l'époque de transition, nous retrouvons ici comme un dernier souvenir de ces remarquables contre-forts rehaussés de pinacles et de gargouilles qui sont l'un des caractères propres de l'architecture ogivale.

Ce qui distingue ceux de Champigny, ce sont d'abord les colonnettes formant les arêtes qui les divisent comme en plusieurs étages, sauf dans la partie où est gravé l'écu des Montpensier avec la ceinture accoutumée. Ils sont reliés entre eux par une balustrade semblable à celle de la façade, qu'elle prolonge et continue, et par une ligne de modillons de même forme. Le pinacle qui surmonte les contre-forts, est bien dans le goût du xvi° siècle. Il est formé d'une colonne centrale terminée en flèche, à laquelle viennent s'appuyer tout autour quatre colonnes plus petites, réunies à leur tuteur par deux arcs superposés dont le plus élevé est orné de crosses végétales. Dix de ces contre-forts reçoivent un arc-boutant dont l'intrados est décoré de fines sculptures, et qui repose à l'autre extrémité sur un second contre-fort. Par analogie, l'on a désigné ce genre de pinacles par le nom de *clochetons-candélabres*. Ces contre-forts de second ordre portent, eux aussi, les armes des Bourbon-Montpensier.

A l'instar de plusieurs églises du vieux temps, la Sainte-Chapelle est entourée en partie d'un cloître qui se déroule sous les arcs-boutants dont nous venons de parler. Il n'a pas plus de deux mètres de largeur. Sa voûte ogivale est divisée en travées qui, de deux en deux, correspondent aux contre-forts. Les lignes en sont aisées et correctes. Au fond, du côté droit, était dressé un petit autel où l'on portait le Saint-Sacrement, le jeudi saint. Des peintures assez sombres, dans le goût italien, le décoraient et ajoutaient encore au caractère mystérieux de ce pieux asile : elles représentaient la grotte du saint Sépulcre, avec les saintes

---

(1) Dessin de la chapelle en 1699, conservé au château. — Fr. Ragonneau, *Ricolocus dolens*, p. 127, 137.

femmes et les apôtres Pierre et Jean. Cette chapelle, dite
« de la Résurrection, » était transformée en chambre ardente
lors de la mort d'un chanoine, et l'on y exposait le corps du
défunt. Une autre chapelle, placée au fond, du côté gauche,
faisait le pendant avec la précédente. Ce petit oratoire, derrière
lequel était un caveau, était dit « du Canon »; il n'en reste rien
non plus que de la balustrade qui entourait le cloître lui-même,
d'après un dessin du XVIIe siècle.

Nous avons visité le dehors de la Sainte-Chapelle : pénétrons
dans l'intérieur par cette porte en bois sculpté, décorée d'écussons en relief avec incrustations de mastic noir et or, et de personnages symboliques. Ce sont la Foi, l'Espérance et la Charité :
la première tient un calice, la dernière porte un enfant sur son
bras, tandis que l'Espérance met la main sur son cœur.

CHAPITRE II

INTÉRIEUR DE LA SAINTE-CHAPELLE. — DESCRIPTION DES VITRAUX.

La première impression que l'on éprouve en entrant est un
sentiment d'admiration en face de cette nef large et élancée, où
tout, du pavé à la voûte, contribue à fixer le regard et l'esprit.
Malgré les nombreuses mutilations qu'elle a subies, on ne saurait
se défendre d'un mouvement de satisfaction à la vue de cette
variété et de cette élégance d'ornementation. Mais surtout comment retenir son enthousiasme devant ces éblouissantes verrières ? Toute question d'école et de style laissée de côté, il faut
bien reconnaître que nous sommes dans l'enceinte d'un des monuments religieux les plus intéressants qui parent le sol de notre
belle France, ornée pourtant de tant de joyaux artistiques.

Le vaisseau mesure neuf mètres de largeur, seize mètres d'élévation, et plus de vingt-cinq mètres de longueur. La voûte en pierre est divisée en trois travées, auxquelles s'ajoute l'abside. Les nervures et les arcs-doubleaux s'appuient sur des colonnes engagées et superposées, dont les plus élevées sont décorées de niches avec dais fort gracieux ; le fût montre l'L couronné, avec lequel nous sommes déjà familiarisés. Les motifs des clefs de voûte de la nef sont les écussons des seigneurs de Champigny ou bien des figures symboliques qui se rapportent aux fondateurs. Les pendentifs du sanctuaire montrent des anges tenant les insignes de la Passion. Mais, la merveille de la Sainte-Chapelle de Champigny, ce sont les verrières dans lesquelles le xvie siècle a, pour ainsi dire, épuisé tout son art du dessin et du coloris.

Avant de descendre aux détails de chaque fenêtre, laissons nos yeux jouir, comme par une sorte d'avant-goût, de l'effet d'ensemble. Le regard le moins exercé pourrait-il n'être pas frappé par l'harmonieuse disposition des monuments ou des paysages qui forment le fond du tableau, par l'heureux agencement des personnages, par la simplicité et la correction du dessin, par tout ce qu'il y a de noble dans les figures, de gracieux dans les poses et d'ondoyant dans les draperies, enfin par l'éclat vraiment inimitable des couleurs ? Quel ravissant panorama que ces onze verrières, qui n'ont pas moins de 3^{m}50 de largeur et de 7 mètres de hauteur !

Un trait commun à toutes les fenêtres, c'est qu'elles sont divisées dans le sens de la hauteur par des meneaux, — tantôt trois tantôt deux, — avec nervures prismatiques. Les compartiments formés par ces meneaux se terminent par une arcade surélevée en forme de talon et sont surmontés de panneaux ovales, sur lesquels viennent se poser à leur tour de petits médaillons qui remplissent le sommet de la fenêtre. Chaque verrière est ainsi divisée en quatre compartiments bien distincts. L'extrémité présente dans les petits médaillons l'L et le *vol* couronnés, avec cette particularité qu'on y voit alternativement l'L cantonné de deux vols, et le vol accompagné de deux L, toujours avec la couronne.

Les panneaux placés au-dessous sont occupés par des scènes de la vie, de la passion de Notre-Seigneur Jésus-Christ, depuis l'agonie jusqu'à l'ascension, et même jusqu'à la descente du Saint-Esprit, qui se trouve dans la onzième fenêtre ; la fenêtre centrale fait seule exception et représente à cet endroit la *création du monde*. Les grands panneaux se divisent à leur tour en deux parties. La partie supérieure et principale renferme un événement mémorable de la vie de saint Louis, patron de la collégiale ; la partie inférieure forme une sorte de galerie où apparaissent les portraits des principaux membres de la famille de Bourbon. Les princes et princesses sont à genoux sur un prie-Dieu surmonté d'un livre ouvert et portant leur blason respectif. Les uns et les autres ont la tête ceinte d'une couronne. Les seigneurs ont le manteau bleu doublé d'hermine par-dessus le vêtement brodé d'or : à partir de Louis de Bourbon, comte de Vendôme, ils ont, au bras gauche, un insigne formé d'une sorte de rose rouge enchâssant une pierre précieuse. Le costume des femmes ne le cède en rien pour la richesse et la beauté.

Si les sujets bibliques sont remarquables par la finesse de l'exécution, si les portraits sont comme un musée étincelant, à leur tour et plus encore, les grandes scènes de l'histoire de saint Louis transportent l'imagination autant qu'elles captivent les yeux. Aussi allons-nous étudier, une à une, chaque verrière, en commençant par le côté gauche, c'est-à-dire en suivant l'ordre chronologique.

PREMIÈRE FENÊTRE

Au sommet, l'*agonie de Jésus-Christ au jardin des Oliviers* avec ses disciples endormis près de lui ; Jérusalem à l'horizon.

Au milieu, le *sacre de saint Louis à Reims*, le 1ᵉʳ décembre 1226. L'intérieur de la basilique, avec son pavé de mosaïque, ses arcades, ses fenêtres et ses tribunes, forment les décors de la scène. Saint Louis, alors âgé de treize ans, est au centre, agenouillé et les mains jointes devant l'évêque de Soissons, qui va le sacrer. Il est entouré de prélats mitrés et de religieux, ainsi que des pairs de France et des princes du sang royal. Au-dessus de la tête des seigneurs flotte l'étendard ; dans les tribunes on aperçoit distinctement les spectateurs (1).

---

(1) Chacune de ces scènes, même quant aux détails, est tirée des *Mémoires de Joinville* ; souvent la légende est copiée textuellement.

Rien de plus heureux que l'ordonnance de cette verrière dans l'ensemble et dans les détails. La scène est animée et cependant précise et sans encombre; chaque personnage, chaque chose y est à sa place et parfaitement en relief. L'inscription porte en lettres majuscules :

« Coment le roy sainct Loys en l'aâge de trèze ans fut sacré en l'église de Reins par l'évesque de Soisso, le siege archiepiscopal de Reins vacant, présens les pers et prices de France. »

Le panneau inférieur renferme deux portraits :

1° « Claude, cardinal de Givry, evesque et duc de Langres, per de France, » qui, ainsi que l'indique la légende, « a doné les vitres de cestes chapelle ». Il était fils de Philippe de Longvy, seigneur de Givry, et de Jeanne de Beaufort, dame de Mirebeau, et partant l'oncle de Jacqueline de Longvy qui épousa, en 1538, Louis II de Bourbon, premier duc de Montpensier.

2° « Lois (Louis), cardinal de Bourbon. » Fils de François de Bourbon, comte de Vendôme, et de Marie de Luxembourg, il fut successivement évêque du Mans, puis de Laon, cardinal du titre de Saint-Silvestre et, en 1517, archevêque de Sens. A sa mort, arrivée en 1557, il fut inhumé à Saint-Denis (1).

DEUXIÈME FENÊTRE

La *trahison de Jésus-Christ par Judas* forme le sujet du compartiment le plus élevé.

Le panneau du milieu représente *Blanche de Castille confiant l'éducation de son fils*, d'une part aux Dominicains et aux Franciscains, et de l'autre aux barons du royaume. Au fond apparaît le palais royal avec les gardes. Blanche tient par la main le jeune Louis; il est suivi des dames et des seigneurs de la cour. Devant elle sont les religieux et les barons auxquels elle remet cet enfant qui lui est si cher. Ce vitrail ne le cède pas en beauté au précédent. L'inscription porte :

« Coment après le sacre et couronemet du roy sainct Loys la royne Blanche de Castille, sa mère, le bailla à gouverner et ins-

---

(1) Ces remarques historiques et celles qui suivent sont prises du P. Anselme, de A. Duchesne, des frères Sainte-Marthe, et de biographies spéciales.

truire à jean de vertu, assavoir, quant aux choses spirituelles, aux frères prescheurs et mineurs, et les choses teporelles, les gouverna par le coseil des saiges chevaliers et barons de France. »

Le panneau des portraits contient :

1° Suzanne de Bourbon, femme de Charles de Bourbon, — qui vient ensuite, — née, en 1491, de Pierre II, duc de Bourbon, et de « Madame Anne de France », et morte en 1521.

2° Charles, dernier duc de Bourbon, qui épousa Suzanne en 1505. Né en 1485, de « Gilbert, comte de Montpensier, connétable de France », et de Claire de Gonzague, — dont les portraits suivent, — il fut tué au siège de Rome en 1527, dans les circonstances malheureuses que l'on sait.

3° « Claire de Gonzague, fille du marquis de Manthoue » et femme du suivant.

4° « Gilbert de Bourbon, comte de Montpensier » fils du comte Louis de Bourbon et de Gabrielle de La Tour, dont les portraits sont à la troisième fenêtre. Il mourut en 1496, d'une maladie contagieuse, en Italie où il avait accompagné le roi Charles VIII. Faisons remarquer qu'à partir de Charles de Bourbon tous les seigneurs portent le collier de l'ordre de Saint-Michel.

TROISIÈME FENÊTRE

La *comparution de Jésus devant Pilate* est l'objet du premier panneau. Comme on y distingue bien dans les traits du Sauveur la patience et la douceur, dans ceux des soldats l'audace et l'insolence, et enfin la dignité timide et flottante dans l'attitude du gouverneur !

Le grand panneau rappelle un événement bien connu et digne du plus haut intérêt par le nombre et le relief des personnages. C'est *le transfert à la Sainte-Chapelle de Paris des saintes reliques* que saint Louis vient de recevoir de Baudouin II. Au fond, le palais de justice et la magnifique chapelle que le bon roi a fait bâtir ; au premier plan les religieux ouvrant la procession, puis les évêques portant les reliques précieuses, suivis de saint Louis vêtu du manteau royal, le nimbe autour de la tête, les pieds nus et la figure empreinte de vénération. Derrière lui marchent les princes, les seigneurs et les divers ordres de la ville de Paris, tenant à la main, ainsi que le roi, un cierge allumé. Quelle magnificence de conception, quelle ampleur d'exécution, quelle richesse de draperie et de coloris! On lit au bas de cette page d'histoire :

« Coment le roy S. Loys fist édiffier la saicte chappelle du palais à Paris et y fist apporter reveremt e processio, luy et ses frères y estans nues testes et nudz piedz, la saincte courone, la vraye croix, l'esponge, le fer de la lance et autres reliques qu'il recouvra de l'epereur de Costatinople et des Veniciens. »

Dans le panneau inférieur en voit :

1° Gabrielle de la Tour, fille de Bertrand de la Tour, comte de Boulogne et d'Auvergne, et de Jaquette de Peschin. Elle épousa Louis de Bourbon, comte de Montpensier, qui suit.

2° Louis de Bourbon, comte de Montpensier, troisième fils du duc Jean de Bourbon et de Marie de Berry. Il possédait les comtés de Montpensier, de Dauphiné, d'Auvergne et plusieurs autres terres.

3° Marie de Berry, duchesse d'Auvergne et comtesse de Montpensier, deuxième fille de Jean de France et de Jeanne d'Armagnac, décédée en 1434.

4° Jean, duc de Bourbon, qui guerroya vaillamment contre les Anglais et mourut en Angleterre. Il était fils du duc Louis de Bourbon et de Anne, dauphine d'Auvergne. Marié à Marie de Berry le 20 mai 1400, il fut père de Louis, comte de Montpensier, — dont nous venons de voir le portrait, — et de Charles de Bourbon.

QUATRIÈME FENÊTRE

Au faîte se trouve la *flagellation de Jésus* que frappent des soldats aux membres athlétiques.

Le panneau principal figure *saint Louis recevant la discipline, mangeant les restes des pauvres et leur lavant les pieds.* A gauche, dans un petit oratoire du palais, le pieux roi, à genoux, se fait donner la discipline par son confesseur, « avec cinq petites chaînettes de fer qu'il portait dans une boîte, suivant » le récit même du bon sire de Joinville. La partie supérieure représente saint Louis faisant servir à sa table les restes des pauvres ; pour mieux marquer sans doute la profonde humilité du prince, le peintre a placé dans l'angle de la salle un chien, c'est-à-dire l'animal qui, d'ordinaire, se nourrit de ces restes. Enfin la partie inférieure montre le roi lavant les pieds des indigents, leur faisant donner à manger et s'arrêtant plus particulièrement à un malade. On ne sait qu'admirer le plus, de l'attitude si humble du saint roi, de la posture étonnée et attendrie des pauvres, du sentiment de stupéfaction peint sur le visage des princes et seigneurs qui se communiquent leur surprise comme à voix basse. Et puis, quel éclat inimitable dans les couleurs ! A chaque instant, l'on est à se demander où le peintre a trempé son pinceau. C'est peut-être la plus belle des verrières.

La légende est ainsi conçue :

« Coment le roy saict Loys pnait discipline par les mains de son cofesseur, portait la haire sur son corps, mengeait le demeurant de ce qui estoit desservi de devant les povres, leur lavait les pies et les nourrissoit lui-même de ses mais, donait à menger à ung povre religieux malade et paralitique e l'abbaye de Royaumot, l'abbé ce voyant plorat de ravissemet. »

Ceux qui ont visité la Sainte-Chapelle il y a quelque quarante ans, ont pu y constater une transposition des personnages causée par l'insuffisance de la restauration destinée à réparer les désastres de la Révolution. Cette fenêtre, ainsi que les fenêtres 6 et 7, avait perdu le véritable ordre généalogique et chronologique des membres de la famille de Bourbon. On a heureusement corrigé ces défauts. Les portraits sont ceux de :

1º Anne comtesse de Forest, dauphine d'Auvergne et dame de Beauvau, fille de Bérard, dauphin d'Auvergne et de Jeanne de Forest ; elle épousa en 1371 Louis de Bourbon.

2º Louis de Bourbon, dit « le bon duc » à cause de la douceur de son naturel, fonda l'ordre de Notre-Dame-du-Chardon. Il mourut en 1410. Il était fils de Pierre de Bourbon et de Isabelle de Valois qui suivent.

3º Isabelle ou Isabeau de Valois, fille de Charles de France, comte de Valois et d'Anjou et de Marie de Châtillon, qui épousa, en 1336, Pierre de Bourbon.

4º Pierre de Bourbon, par sa vertu et sa valeur, gagna la confiance de Philippe IV de Valois, roi de France, et de Jean le

Bon. Sa bravoure lui fit trouver la mort à la funeste bataille de Poitiers, en 1356. Il était fils de Louis de Bourbon et de Marie de Hainault, qui se voient au vitrail suivant.

CINQUIÈME FENÊTRE

Tandis que le premier panneau nous montre *Jésus-Christ portant sa croix*, celui du milieu rappelle un des faits les plus attendrissants et les plus décisifs de la vie de saint Louis, *son vœu d'entreprendre la croisade en Terre-Sainte*.

Nous sommes dans la chambre du roi malade. Il vient de sortir, comme par miracle, de cet état où, suivant l'expression de Joinville, « il perdit la parole du tout, et on ne lui voyait aucun mouvement ni sentiment ». Sa première pensée est un acte de gratitude pour le Ciel : il se relève alors sur son séant soutenu par ceux qui l'entourent. Sa première parole est pour remercier Dieu, faire le vœu d'aller en Palestine et demander que « la croix du sainct voiage lui fût apportée. » Aussitôt l'archevêque de Paris suivi d'autres prélats, ainsi que des princes et seigneurs de la cour, la lui apporte.

Égale aux autres par le fini du dessin et la richesse des draperies qu'on peut observer en particulier dans le lit du saint roi, cette verrière l'emporte sur toutes par les magnificences de ses émaux. Le fond du lit est d'or et, par un piquant anachronisme, montre dans un médaillon *la Vierge à la chaise* de Raphaël. Les draperies sont de velours bleu pour le baldaquin, vert pour les rideaux, et rouge pour la couverture. Si quelque rayon de soleil vient à traverser cette chambre royale, aussitôt quel spectacle féerique ! On dirait une représentation magique dans le palais des *Mille et une Nuits*. En particulier à quoi comparer ce lit avec ses étoffes étincelantes ? L'œil ébloui et fasciné ne peut se détacher de cette merveille. Le regard ne se rassasie pas de contempler ces velours, cette pourpre où l'Orient semble avoir épuisé tout le brillant de ses couleurs. Il n'est guère possible, croyons-nous, de pousser plus loin l'éclat et la vivacité de tons, le velouté et le moelleux du coloris. L'inscription porte :

« Côment le roy sainct Loys estant griefvemt malade, avec ses frères et plusieurs atres princ du royaume, firent vœu d'aller outre la mer pour guerroer aux infidelles pour mettre la terre saincte au chrestiens. »

Dans la galerie des personnages il y a :

1° Louis duc de Bourbon, « fils de Robert Ier, duc de Bourbon et comte de la Marche », 6e fils de saint Louis, et de Béatrix de Bourgogne. Sa bravoure lui valut d'accompagner partout le roi Philippe le Bel dans sa lutte contre les Anglais. Il mourut en 1341.

2° Marie de Hainault, fille de Jean, comte de Hainault et de Philippe de Luxembourg. Mariée au duc Louis de Bourbon en 1311, sa mort arriva en 1354.

Entre le duc et son épouse se trouve un cartouche soutenu par deux génies et sur lequel on lit : « Cy après est la généalogie de la maison de Bourbon et de Montpensier. »

SIXIÈME FENÊTRE

Cette fenêtre présente une disposition un peu spéciale. Elle n'a que trois panneaux ; encore le dernier est-il privé des petits médaillons qui se rencontrent dans les autres. A la partie supérieure, *Dieu créant le monde* des esprits et des éléments ; et au-dessous, dans le grand panneau, *Jésus-Christ mourant entre les deux larrons*. C'est la mise en scène exacte et symbolique de cette parole de la liturgie chrétienne, *mirabiliter condidisti et mirabilius reformasti* : Dieu le père créant et le Verbe restaurant la création primitive. Le Père Éternel porte la tiare. Saint Louis n'apparaît qu'au second plan. Tandis que dans les autres verrières le sujet de la Passion n'occupait qu'un petit espace, ici il remplit le panneau principal ; le pieux roi est descendu au rang des Bourbons. Le véritable sens des choses le voulait ainsi. N'est-ce pas le vitrail du centre, celui qui surmonte le maître-autel ?

Ce tableau est fort remarquable. Le paysage représente la ceinture de montagnes qui entourent Jérusalem avec les plantes indigènes qui y croissent. Les trois croix se dressent sur le fond obscur et chargé du ciel. Avec le calme et la résignation du Sauveur, contraste fort l'agitation convulsive des larrons qui se tordent sur leur gibet, avec cette différence pourtant que l'un se tourne vers Jésus-Christ, c'est le bon larron, tandis que l'autre détourne insolemment la tête, c'est le mauvais larron. La science du corps humain est approfondie et l'exécution répond pleinement à l'observation. Ainsi qu'on le voit dans certains tableaux et même sur des sarcophages, l'image du soleil et de la lune occupe le sommet de la scène, sans doute pour figurer le deuil de la nature. Au pied de la croix sont les trois personnages bibliques : Marie-Madeleine, à genoux, pressant le bois sur son cœur ; à gauche, saint Jean, la main sur la poitrine et levant le front vers Jésus, comme pour recueillir une dernière parole; à droite, debout, dans une tristesse profonde mais héroïquement résignée, la Vierge Marie. Les figures de la Vierge et de la Madeleine sont d'une grande beauté. Il y a vérité parfaite dans ces poses, ces traits et ces membres d'un raccourci achevé, dans cette perspective adroitement ménagée, dans ce ciel orageux, dans toute cette scène recouverte comme d'un voile de deuil qui remplace ici les couleurs éblouissantes des autres sujets !

Au-dessous saint Louis debout, la couronne en tête, revêtu du manteau royal semé de fleurs de lis, tenant le sceptre et la main de justice ; et une femme couronnée, également vêtue d'un manteau royal. Son costume, sa dignité, sa place aux côtés du roi, tout fait supposer que c'est son épouse, Marguerite de Provence. Mais alors, pourquoi ce nom d' « Isabeau » écrit dans le cartouche? Pourquoi ce génie, qui supporte, du côté de Louis IX, l'écusson de la maison de France, tient-il dans sa main gauche, du côté de la femme, un blason « parti mi-coupé au 1 d'une fleur de lis et demi d'or, au 2 de gueules et au 3 d'or, » au lieu de celui de Marguerite de Provence, qui était « d'or à quatre pals de gueules » ? C'est une transposition évidente qui demande une meilleure restauration.

SEPTIÈME FENÊTRE

La Résurrection de Notre-Seigneur Jésus-Christ sorti glorieux du tombeau, l'étendard du triomphe à la main, à la grande frayeur des gardes qui reculent d'épouvante, fait l'objet du panneau du sommet.

L'embarquement de saint Louis, suivi de la reine et des hommes d'armes, décore le centre du vitrail. A gauche sont les navires qui doivent transporter les croisés en Terre Sainte. Le roi, tout en semblant adresser quelque doux reproche à sa vaillante épouse qui s'obstine à le suivre, approche du vaisseau. Derrière lui marchent les guerriers bardés de fer, la croix sur la poitrine, la lance et l'épée au poing. Au-dessus de cette scène qui occupe le premier plan, l'artiste, par un rapprochement heureux, a peint les rivages de l'Égypte avec leur flore spéciale: on y voit disséminées ou groupées des bandes de cavaliers et de fantassins.

Il y a de l'art dans cette perspective, de l'étude dans ces navires avec leurs agrès, de l'observation dans ces costumes guerriers, du courage derrière ces pesantes cuirasses, de l'énergie sur tous ces visages qu'ombrage le casque d'acier. S'il nous venait la pensée toute naturelle de comparer cette verrière avec les précédentes, nous y trouverions moins de fraîcheur et d'éclat, quoique le dessin garde la même correction et une égale distinction.

La légende est ainsi conçue :

« Le roy sainct Loys s'embarque avec la royne Marguerite à Aigues-Mortes, le 25 août 1248. Le maître de nef s'écria à ses gens : Est votre besogne prête, sommes-nous à point. Les Sarrasins se voyans battuz devant Damiette, mirent le feu en la cité. »

Le panneau des portraits nous offre derechef l'occasion de constater comment la seconde restauration a fait disparaître les anomalies de cette verrière. Au lieu de Jean de Bourbon, dont la présence était en rupture de ban avec son écusson et surtout avec Isabeau de Valois, placée à ses côtés, comme son épouse prétendue, nous retrouvons chaque personnage en son lieu, c'est-à-dire :

1° « Robert de France, comte de Clermont », sixième fils de saint Louis et de Marguerite de Provence. C'est ainsi qu'en parcourant cette intéressante galerie historique, on remonte, de proche en proche, des Bourbons qui occupent la première et la deuxième fenêtre, à la personne même de Louis IX, souche de la branche des Montpensier seigneurs de Champigny, et patron de la collégiale.

2° « Béatrix de Bourgogne, femme dudit comte Robert. »

Entre Robert et Béatrix on lit sur un cartouche élégamment encadré : « Cy après est la généalogie de la maso de Vedosme et de la Roche sur Yo ».

HUITIÈME FENÊTRE

Le sujet supérieur est *Jésus apparaissant à Marie-Madeleine* sous les dehors d'un jardinier : on ne saurait imaginer plus de grâce en moins d'espace. Le panneau central représente *la prise de Damiette*.

Au premier plan la flotte déploie ses voiles qu'un vent favorable vient d'amener de l'île de Chypre, où elle séjourna longtemps, et montre ses fiers guerriers couverts de leur armure et décorés des insignes de la croisade. Au sommet, Damiette dresse son front de murailles et de tours. Le bon roi, « dans son grand désir de combattre les Sarrasins », s'élance à la mer et aborde au rivage, où débarque bientôt l'armée royale marchant, sous la bannière de la croix, à la prise de la ville égyptienne. Les ennemis effrayés s'enfuient en mettant le feu à la cité. Vers le milieu on voit la mêlée des Sarrasins groupés autour du croissant, et des chrétiens serrés autour de l'étendard de la croisade, tandis qu'à droite se déroule une procession avec le légat du Saint-Siège.

Naguère cette fenêtre portait pour légende le récit de la bataille de la Massoure. Un heureux changement y a fait mettre celle-ci :

« Coment le roy saict Loys venant de Chipre estant devat Damiette en Egypte saucta en la mer, couru sus, le soudan estant mort, ce congnoissant, les Sarrasins se sauvèrent, mirent le feu en la cité. Ce que voiant le roy y entra avec le légat du Pape, en chantant le *Te Deum*. »

Quatre personnages occupent le panneau du dessous :

1° « Jacques de Bourbon, comte de la Marche, troisième fils de Louis Ier, duc de Bourbon » et de Marie de Hainault. Il défendit courageusement sa patrie contre l'étranger. Il assista à trois batailles : blessé dans la première, fait prisonnier dans la seconde, il perdit la vie dans la troisième. Son père est ce Louis de Bourbon que nous avons salué à la cinquième fenêtre.

Ceci nous amène à faire une observation utile pour l'intelligence des portraits qui vont suivre. Les sept premières fenêtres exposent la généalogie ascendante d'une branche de la maison de Bourbon, celle qui tient à Louis IX par Pierre de Bourbon, lui-même petit-fils de saint Louis ; les quatre autres développent, par manière de généalogie descendante, la lignée qui se rattache à Jacques, troisième fils du même duc Louis de Bourbon. Ces deux branches se rapprochent et s'allient, on le sait, en la personne de Louise de Bourbon issue de la première tige, et de son époux Louis de Bourbon, prince de la Roche-sur-Yon, qui est sorti de la seconde.

2° « Jeanne de saict Pol, sa femme. » Elle était fille de Hugues de Châtillon, seigneur de Condé, et de Jeanne de Soissons.

3° « Jean de Bourbon, comte de la Marche, fils dudit Jacques. » Désireux de venger la mort inhumaine de sa cousine Blanche de Bourbon, femme de Pierre le Cruel qui venait de l'immoler à sa colère, et poussé par le roi de France Charles V, il marcha sur l'Espagne, accompagné de nobles gentilhommes et en particulier du vaillant du Guesclin, en l'année 1368. Il mourut en 1394.

4° « Catherine, comtesse de Vendôme, sa femme : » fille de Jean de Vendôme et de Jeanne de Ponthieu. Elle épousa le comte de la Marche en 1334 et vécut jusqu'à un âge avancé.

NEUVIÈME FENÊTRE

Au sommet *le Sauveur en compagnie des disciples d'Emmaüs*, arrivant aux portes de Jérusalem. Au-dessous, *la bataille de la Massoure*, avec la peste introduite dans l'armée royale et la prise de saint Louis par les Sarrasins. Au premier plan, la mêlée des guerriers à pied et à cheval ou étendus à terre au milieu des épées et des lances brisées. A gauche, les bataillons musulmans qui font une charge foudroyante ; à droite, l'armée des croisés à la tête desquels apparaît le roi sur un coursier magnifiquement caparaçonné. Ici des soldats qui se rallient par une nouvelle attaque, là des tentes, ailleurs une épaisse forêt de lances.

La légende est conçue en ces termes :

« Coment le roy sainct Loys fit plus batailles contre les Sarrasins devat la ville de la Massère, qu'il tenoit assiégée, où il eut victoire. Mais durat le siège, une pestilence se mist dedans l'ost des chrétiens, aleur faillirent tous vivres. Ce congnoissans les Sarazis assailliret le roy et son armée, qui vaillammet se defedit, mais finalement fut pris prisonnier en une petite ville dénomée Cazel, où il s'estoit retiré. »

Le panneau des portraits est occupé par :

1° « Lois de Bourbon, comte de Vendôme, deuxième fils du dict Jacques » et de Catherine de Vendôme, dont il a été question à la fenêtre précédente. Né en 1396, il fut retenu prisonnier par son frère pendant environ neuf mois. Sa délivrance obtenue, il en rendit grâce à Notre-Dame de Chartres. En raison de ses services, Charles VII l'éleva à la dignité de grand chambellan de sa maison. Il mourut à l'âge de cinquante et un ans.

2° « Jeanne de Laval, sa femme » en seconde noces, jadis placée la dernière dans cette verrière, a vu enfin cesser le divorce qui la séparait de son époux. Elle était fille aînée de Jean de Montfort et de Anne, héritière de Laval. Sa mort arriva au château de Lavardin, le 18 décembre 1468 : son corps fut enterré en l'église Saint-Georges de Vendôme.

3° « Jean II de Bourbon, cote de Vendôme, » fils unique de Louis de Bourbon et de Jeanne de Laval. Il fit ses premières armes sous le bâtard d'Orléans. Sa valeur lui mérita le titre de « très fidèle serviteur du roy et compagnon invincible de ses périls. » Ce qui ne l'empêcha pas ou plutôt fut pour lui l'occasion d'encourir la disgrâce de l'ombrageux Louis XI.

4° « Isabeau de Beavau (Beauvau) sa femme », fille unique et héritière de Louis, seigneur de Beauvau en Anjou, de Champigny en Touraine et de la Roche-sur-Yon en Poitou.

DIXIÈME FENÊTRE

Dans le premier panneau est représentée l'*Ascension de N.-S.* qui s'élève sur les nuées du ciel, à la vue de ses disciples séparés en plusieurs groupes et ravis d'admiration. Le fait retracé dans le grand panneau ressemble fort au sujet de la huitième fenêtre : c'est *le retour de la première croisade de saint Louis*. La flotte chargée du roi, de ses fils, des guerriers et de quelques religieux, a levé l'ancre et vogue à pleines voiles vers la France où vient de mourir Blanche de Castille. A l'horizon, au milieu d'un paysage mouvementé, apparaît un oratoire avec des moines devant la porte : c'est la chapelle du Carmel où se présenta saint Louis. Des collines parées de plantes, des forts munis de créneaux couronnent cette scène toute orientale. C'est toujours l'histoire traduite avec autant de largeur et de netteté que de vigueur et de souplesse. Impossible, en effet, de mieux rendre l'inscription qui suit :

« Coment le roy S. Loys fist plusieurs belles ordonaces aps sa Dlivrance, et avoir fait en la terre saincte bonnes réparations Ds plac et chevaliers, vinct avec la royne et ses princes par le mont Carmel, où demeuraient des carmes, qu'il amena avec luy en sa compagnie, de quoy il fut si heureux et si grand contentement qu'il fonda des institutio de carmes en sa ville de Paris : La royne Blanche ayant décédé, le roy s'embarqua une deuxiesme fois et arriva d'oustre mer en l'année 1254 en France. » Le texte et la disposition des mots accusent de l'incorrection dans la restauration de cette légende.

La galerie des princes renferme :

1º « Loys de Bourbon, prince de la Roche surio, fondateur de cette chapelle », fils de Jean de Bourbon et d'Isabelle ou Isabeau de Beauveau, mort en 1520.

2º « Loyse de Bourbon, comtesse de Montpensier, fille de Gilbert » de Bourbon, comte de Montpensier, et de Claire de Gonzague, dont les portraits se trouvent à la deuxième fenêtre. Elle était sœur de Charles de Bourbon, connétable de France.

3º « Loys de Bourbon Pmier duc de Montpensier, per de Frace, filz du dict Loys, prince de la Roche sur Yo et de la dicte Loyse de Bourbon. » Né à Moulins en 1513, il mourut en 1582.

4º « Jaquette de Longvi, sa femme. » Elle était fille de Jean de Longvy, seigneur de Givry et baron de Mirebeau, et de Jeanne d'Orléans.

Ainsi qu'on a pu s'en convaincre par la première partie de cette esquisse, ces quatre personnages jouent le principal rôle dans l'histoire de notre chatellenie. Aussi trouve-t-on fréquemment les symboles de leur nom dans L couronné, dans le bourdon et l'aumônière.

ONZIÈME FENÊTRE.

La descente du Saint-Esprit sur les Apôtres, au centre desquels apparaît la sainte Vierge, occupe le premier compartiment. *La mort de saint Louis devant Tunis* remplit celui du milieu. Sur la hauteur, la ville de Tunis avec ses forts et ses dômes, encadrée d'un rideau de montagnes ; dans la plaine, à droite, le bon roi assis, les traits abattus, quoique empreints d'une douce résignation : devant lui son fils aîné, Philippe, qu'il a fait appeler pour lui donner « plusieurs beaux et derniers enseignements » ; puis la foule des guerriers accablés par la maladie de leur chef dont tout fait pressentir la mort prochaine. Dans tous ces visages qui s'interrogent et où perce l'angoisse, dans l'attitude de ces preux au repos, appuyés sur leur lance, il y a je ne sais quoi qui rend cette scène pleine d'émotion, attendrit le cœur et fait monter les larmes jusqu'aux paupières. Quelle expression à la fois puissante et mélancolique ! Quel voile de deuil sur tout ce drame funèbre qui a pour théâtre un rivage étranger, sous les remparts d'une ville ennemie ! Autant la joie, l'allégresse s'épanouit et respire dans le premier vitrail, placé en face, — *le sacre de saint Louis,* — autant la tristesse est peinte dans tous les détails de cette verrière, qui clôt la série des tableaux représentant la vie du pieux monarque et dont le dernier trait est ainsi raconté :

« Coment le roy sainct Loys, accompagné de Philippe, son fils aisné qui fust roy de Frace, d'autres princes, mist son camp devant la cité de Tunes, qu'il tint longtemps assiégée, et y eust plusieurs batailles contre la Sarazins, et durant ce temps lui print une griefve maladie de laquelle il décéda..... Son corps reposa en France, sépulturé en l'esglise de Sainct-Denis de France, où il s'opéra, depuis ce temps, plusieurs signes et miracles. » L'observation que nous avons faite sur l'incorrection de la légende de la fenêtre précédente, trouve également ici sa place.

Les personnages du panneau inférieur sont :

1° « François de Bourbon, prince dauphin, filz de Loys Ier, duc de Montpensier. »

2° « Renée d'Anjou, princesse dauphine, sa femme, » fille du marquis de Mezières et de Gabrielle de Mareuil. La mort l'enleva à la fleur de l'âge, parée de toutes les qualités qui font l'ornement d'une princesse.

3º « Henry de Bourbon, duc de Montpensier, pair et prince de France, et prince souverain de Dombe. » En lui s'éteignit la branche des Montpensier. Sa fille, Marie de Bourbon, épousa Gaston d'Orléans, frère de Louis XIII.

4º « Catherine, duchesse de Joyeuse, femme du dict Heury de Bourbon. » Elle était fille unique de Henri, duc de Joyeuse, maréchal de France, et de Catherine de La Valette.

Nous avons fini de parcourir ce ravissant panorama des grandes verrières de la Sainte-Chapelle. Il existe encore un vitrail en forme de rosace, dans le pignon occidental, au-dessus du péristyle. Quoique remarquable par le coloris aussi bien que par le dessin, il n'offre qu'un intérêt secondaire en comparaison des autres. Il est à peine besoin de dire qu'on y trouve l'L et le vol couronnés. Au centre, un souverain revêtu d'une armure guerrière et d'un manteau fleurdelisé tient à la main une forte épée : c'est *Charlemagne ;* à droite un personnage couvert d'une peau, un mouton sur le bras, une oriflamme de croisé sur l'épaule ; à gauche, un voyageur, son chapeau au dos et appuyé sur un bâton, sans doute *saint Jean* et *saint Jacques*. Tous trois ont la tête entourée du nimbe liturgique.

Que si, après avoir examiné chacun de ces joyaux, on jette, du fond de la chapelle, un regard d'ensemble sur cette œuvre grandiose, magistrale, sur cette série de tableaux où tout est vie, mouvement, grâce, délicatesse et où le visiteur ne sait à qui donner la palme, au crayon du dessinateur ou à la palette du peintre, on ne peut s'empêcher de ressentir un sentiment profond d'admiration, et comme une sorte d'éblouissement tel qu'on l'éprouve en face d'une des gigantesques pyramides d'Égypte, d'une statue colossale de Michel-Ange ou d'une fresque inimitable de Raphaël.

Le XVIe siècle a passé par là avec sa science du beau et son habileté à produire des chefs-d'œuvre qui n'ont jamais été dépassés. Il y a dans ce dessin à la fois précis et naïf, quelque chose de la correction de Léonard de Vinci, de la vigueur de Jules Romain et de l'ordonnance du Corrège ; il y a dans ces couleurs si vives, si profondes, si chatoyantes, quelque chose du

Titien et de Paul Véronèse ; ou encore ne dirait-on pas que l'école flamande ou allemande, par l'organe des maîtres Holbein et Dürer, a donné la main à l'école française représentée par Cousin et Pinaigrier, pour réaliser une des merveilles de l'art de la peinture sur verre ?

CHAPITRE III

TOMBEAU DE HENRI DE MONTPENSIER.
CAVEAU DE LA SAINTE-CHAPELLE.

Nous avons visité ce qui reste intact des splendeurs de la collégiale. Nous ne la quitterons pas sans chercher à y faire revivre ce que le marteau de la Terreur y a détruit totalement ou en partie, autant du moins que des vestiges intéressants et de précieux souvenirs locaux pourront nous le permettre.

Comment ne pas s'arrêter en face de cette belle statue de marbre qui représente un prince agenouillé devant un prie-Dieu supportant un livre, à l'instar des personnes qui figurent dans les verrières. Cette statue aux traits si nobles, aux mains pieusement jointes, au manteau fleurdelisé avec un collier formé de trophées, de lis et de H entourés de trois couronnes, est celle de Henri Bourbon-Montpensier. Elle est d'une sculpture fort remarquable et bien digne du ciseau d'un Anguier ou d'un Sarrazin. Mutilée par les vandales de 1793, au point que la tête avait été tranchée et jetée dans un puits de la localité, elle a été, grâce à la découverte du chef, restaurée avec goût et ne se sent plus des mauvais traitements qu'elle a subis : elle semble, au contraire, n'en avoir que plus de fierté, à la façon de ces chevaliers qui reviennent de la lutte marqués de glorieuses cicatrices. Elle faisait naguère partie du mausolée du duc de Montpensier, élevé dans la chapelle dite « de Monsieur », du côté de l'épître.

Ce tombeau, édifié en l'honneur de son père par l'affection de Marie de Bourbon, épouse de Gaston d'Orléans, était des plus intéressants. Il était formé de quatre colonnes de marbre noir avec bases et chapitaux corinthiens en bronze doré. Sur ces quatre colonnes reposait une table de marbre qui portait la statue d'Henri, et que décoraient aux angles quatre anges en marbre blanc. S'il nous était permis de former ici un vœu, ce serait celui de voir achever la restauration de ce superbe mausolée. A cette heure, il reste la statue, des colonnes brisées et les plaques de marbre où sont gravées les inscriptions suivantes :

I. *Henrico Borbonio duci Montispens. Domino Dumbarum, proregi Normann. principi prætantiss. generis splendorem summis virtutibus æquanti, pio, forti, pacifico, de quo in vitâ jure unquam quæstus est nemo; quod immaturus abiit dolent omnes, quod brevia fuerint spatia vitæ non quæror, vitæ quod isti periit, æternæ est datum.*

II. *Deum timēs, ab ecclesia nusquam deficiens, regi obsequēs, patriæ amās, parenti (bus) obedies, nulli nocens, oĩbs (omnibus) proficiens, regni decor, principū splendor, aulicorū honor, populi amor, Henric. Borboni, Mōpeserius, jacet hic. Time.*

Ces inscriptions biographiques sont accompagnées de deux citations bibliques pleines d'à-propos et pour la personne du défunt et pour le caractère du monument.

Machab. lib. I., cap. XIII.

III. *Ædificavit Simon supra sepulch, patris ædificiū altum visu lapide polito retro et ante et statuit piramidas, et supra columnam arma ad memoriam æternam.*

Sapient. IV.

IV. *Consummatus in brevi, explevit tempora multa, placita enim erat Deo anima illius, propter hoc properavit educere illum de medio iniquitatum.*

Comme si ce n'était pas assez du tombeau et de ses inscriptions pour garder la mémoire du duc de Montpensier, on voulut encore redire en détail sa vie et sa mort aux générations à venir. C'est l'explication de cette plaque de marbre noir fixée au-dessus de la porte de la sacristie, et sur laquelle, au-dessous des armes du défunt, on lit quatre-vingt-deux vers alexandrins, dus sans doute à la plume d'un chanoine qui nourrissait le culte des muses en même temps que celui de ces glorieux bienfaiteurs de la collégiale. La transcription que nous en avons faite ailleurs, nous dispense de les donner ici.

A quelque distance, dans le chœur, est l'entrée du caveau funèbre creusé sous la Sainte-Chapelle, pour servir de sépulture aux châtelains de Champigny. Il a environ douze pieds de long, sur huit de large ; on y descend par un escalier de sept ou huit marches avec voûte à plein cintre cimentée. Les cercueils de plomb y étaient rangés sur deux fortes barres de fer placées transversalement (1).

Ainsi que nous l'avons fait remarquer dans notre historique de la collégiale, les princes et princesses qui y furent inhumés étaient au nombre de cinq. Les voici dans l'ordre de leur décès et aussi de leur place dans cette petite nécropole : Louis de Bourbon, fondateur de la Sainte-Chapelle, mort le 10 novembre 1520 ; — Louise de Bourbon-Montpensier, son épouse, décédée à Champigny le 5 juillet 1561 ; — Anne de Montpensier, épouse de François de Clèves, douairière de Nevers, morte en 1572 ; — Louis II de Bourbon, dit le bon duc, qui mourut à Champigny le 23 septembre 1582 ; — Henri de Bourbon, décédé le 27 février 1608 et dont nous venons de voir le mausolée. C'est lui qui clôt la série des ducs de Montpensier, comme il est le dernier des Bourbons dont la cendre reposa dans l'asile funèbre qu'ils s'étaient préparé.

Ces illustres morts dormirent paisiblement leur sommeil jusqu'au jour où les frères des sacrilèges qui avaient violé les tombes royales de Saint-Denis, entreprirent de profaner celles des princes de Champigny. Le *Comité de salut public* du pays éprouva lui aussi le besoin d'assassiner les vivants et d'outrager les morts. Un moyen bien simple d'atteindre ce double but, c'est de s'emparer des cercueils de plomb qui renferment les restes des Montpensier. On descend dans le caveau, on ouvre ou brise les bières, on entasse les ossements pêle-mêle avec des ricanements sataniques et l'on emporte les cercueils dont on prétend faire des balles destinées aux ennemis de la patrie : on sait ce que cela veut dire. Parmi ces cercueils, il y en eut de vidés dans la chapelle elle-même ; ainsi celui d'Anne de Clèves fût hissé en haut et ouvert ensuite. Suivant le rapport de témoins oculaires, on trouva son corps nageant dans le sel fondu. Il fut

(1) Fr. Ragonneau, *Ricolocus dolens*, p. 129.

renversé brutalement et resta ainsi ignominieusement étendu sur le pavé de la collégiale.

M. de Quinson, dès qu'il eut acquis le domaine de Champigny, se hâta de faire replacer les restes dans le caveau. Plus tard, son successeur, M. de Costa, les recueillit avec un soin religieux et les renferma dans deux caisses qui reposent à l'endroit qu'ils avaient jadis occupé. A cette heure, l'entrée du caveau est fermée par une large pierre munie d'un anneau en fer et dont il est facile de constater l'emplacement.

CHAPITRE IV

CHAPELLES LATÉRALES, AUTELS, TAPISSERIES, ORNEMENTS.

Nous venons de parler de M. de Quinson. On lui éleva un tombeau dans la chapelle des Montpensier : il était en marbre blanc et surmonté d'une urne recouverte d'un voile. Lors de la vente de son domaine, M. de Costa a fait placer au cimetière communal, les restes et le mausolée de son oncle avec la dalle funéraire du cénotaphe de Henri de Bourbon.

Nous ne sortirons pas de cette chapelle sans faire une dernière remarque. De l'autel qui l'ornait il ne reste plus rien ; au fond, on cherche inutilement un vitrail représentant la *Descente de croix et la mise au tombeau* qui la décorait, nous n'avons pas besoin de dire magnifiquement, les autres verrières l'indiquent assez.

En quittant le côté droit pour aller dans la chapelle opposée, nous relevons, au-dessus de la porte de la sacristie, l'inscription suivante, gravée sur une plaque de marbre noir :

« Les vénérables doyen, chanoines et chapitre de cette sainte chapelle sont obligez de dire et célébrer à perpétuité, tous les vendredis de chaque sepmaine, une messe basse des morts, et tous les ans le 4me juing de chascune année une messe haulte à diacre et soubsdiacre, ensemble de fournir le luminaire, pain et vin pour la célébration des dites messes, pour le salut de l'âme de très haulte, très excellente et puissante princesse, Madame Marie de Bourbon, duchesse de Montpensier, dernière du nom, femme et espouse de Monseigneur, filz de France, frère unique du roy, duc d'Orléans ; selon qu'il est porté par le contract de la dite fondation passé entre les dicts sieurs chanoines, et noble homme M. Séraphin le Ragois, trésorier de feu Madame d'Orléans, passé par devant Ogier et de Beauvais, notaires au Chastelet de Paris le 20 juing 1628.

« Nous l'avons veu naistre à Gaillon le 17 octobre 1605, marier à Nantes le 7 aoust 1625, et mourir à Paris au Louvre le 11 juing 1627. Son corps gist à Sainct-Denys, et ses entrailles aux filles de la Passion, à Paris. »

Nous voici dans la chapelle dite de « Madame ». Autant elle ressemblait jadis à un bijou par sa gracieuse ornementation, autant elle est aujourd'hui nue et froide. Dans la fenêtre s'épanouissait un vitrail digne de fixer l'attention et représentant l'*Adoration des bergers*. On ne saurait avoir assez de regrets pour ces deux compositions sur verre dont nous avons signalé la disparition. On retrouve, dans cette chapelle, la cheminée qui, dans plus d'une église, servait tout ensemble à réchauffer le vaisseau et à alimenter le feu nécessaire aux cérémonies liturgiques.

A l'entrée de « la chapelle de Monsieur » se dressait, avons-nous dit, le mausolée de Henri de Montpensier. Comme par une sorte de pendant, à l'entrée de « la chapelle de Madame », on voyait dans un large et beau panneau, le blason des Bourbons : ces armes étaient accompagnées de deux cerfs supportant une couronne. Lorsque la collégiale de Saint-Louis eut passé dans leur famille, les Richelieu firent placer leurs armoiries au-dessus de celles de leurs prédécesseurs. Les unes et les autres reposaient sur plusieurs traverses et cintres en chêne avec revêtement de marbre.

Aux jours de fête, ces écussons étaient recouverts, au moins en partie, par les belles tapisseries de laine et de soie, brodées de personnages en or et en argent, qui servaient à parer les murs, particulièrement autour du sanctuaire. Ces tentures d'une richesse et d'un art merveilleux, représentaient les diverses phases de la vie du Sauveur, depuis la Nativité et l'Adoration des

Mages, jusqu'à la Passion et au Crucifiement. Chaque sujet formait un compartiment spécial, d'un remarquable effet (1).

Au bas du chœur étaient placés, à chaque extrémité, deux autels latéraux. L'un était sous le vocable de « sainte Opportune », pour laquelle les châtelains de Champigny avaient une profonde vénération ainsi qu'en font foi les statuts du chapitre. L'autre était dit « des reliques », parce qu'on y conservait plusieurs objets précieux entre autres un bras de sainte Opportune, un partie du manteau de saint Hubert, des restes de saint Sébastien, de saint Hilaire de Poitiers, de saint François d'Assise et de saint Charles Borromée. On y vénérait surtout des ossements de saint Louis, une parcelle de la vraie croix enchâssée dans une croix d'or, une épine de la couronne de Notre-Seigneur, un des trente deniers, enfin un fragment du saint suaire et de la colonne de la flagellation : reliques insignes léguées par Louis de Bourbon et qui valurent à la collégiale le titre de *Sainte-Chapelle*.

A ces autels se rattachait le jubé qui ne manquait pas de distinction. Du côté de la nef, il était entouré d'une double balustrade supportant une curieuse tapisserie ; du côté du sanctuaire, le sujet représentait Jésus-Christ en croix avec saint Jean et la sainte Vierge.

Pour la décoration du sanctuaire, cette partie principale du temple, rien n'avait été épargné. L'autel, d'une grandeur ordinaire, était d'une rare perfection. Aux jours de solennité, il était tendu de parements et de riches draperies aux armes des ducs de Montpensier. Il reposait sous un ciel étincelant et soutenu par quatre colonnes en bronze, d'environ deux mètres, disposées en forme de carré. Au sommet des colonnes étaient des anges tenant des instruments de la Passion et placés de façon à recevoir la naissance d'une magnifique tenture, bordée d'une belle frange avec l'écu des seigneurs de Champigny. Six chandeliers de grande dimension et d'un travail achevé, avec un crucifix de même valeur, ornaient l'autel. Au faîte, un ange fixé sur une petite colonne centrale se penchait et portait dans ses mains un ciboire revêtu d'un voile. Lorsque le célébrant voulait donner la bénédiction, à l'aide d'un mécanisme ingénieux, l'ange lais-

---

(1) Cérémonial de saint Loys. — *Ricolocus dolens*, 133-135.

sait descendre le ciboire et semblait le présenter au prêtre.

C'est non loin de l'autel, à droite, près de la *chapelle de Monsieur*, que l'on plaçait le trône portatif du doyen, quand il devait officier pontificalement. Une estrade assez élevée était destinée à recevoir les chanoines assistants et, au milieu, un fauteuil garni de velours rouge où s'asseyait le doyen. La cérémonie achevée, le trône était enlevé.

Le chœur n'offrait pas moins d'intérêt. Il était entouré de stalles surmontées d'un dôme continu : le tout fouillé et décoré avec élégance. Comme président du chœur, le doyen prenait place sur un trône couronné d'un large baldaquin, auquel des tentures de velours rouge étaient appendues, comme cela a lieu actuellement pour les évêques. Le doyen avait près de lui le prévôt, troisième dignitaire du chapitre, tandis qu'en face, dans une stalle richement sculptée, se tenait le chantre avec le bâton traditionnel, orné de la statue de saint Louis. Lorsque le duc de Montpensier assistait à l'office du chœur, il y prenait la place du chantre : ainsi était-il réglé par le cérémonial. Venaient ensuite les stalles plus modestes des simples chanoines, chapelains et vicaires. Il y a quelques années, M. de la Roche-Aymon a racheté de la fabrique de Chaveignes, paroisse voisine de Champigny, six de ces stalles qu'il a fait replacer dans la chapelle, à l'endroit d'où des mains spoliatrices les avaient arrachées. Elles n'offrent rien de caractéristique si ce n'est l'*L* couronné.

Les fonts baptismaux, situés à droite, au fond de l'église, ne présentaient rien de remarquable, non plus que la tribune qui surmontait la porte principale. Mais l'orgue lui-même « était un des plus beaux qu'on vit alors », au rapport d'un témoin (1).

---

(1) *Ricolocus dolens*, 127.

Notre visite à la collégiale Saint-Louis est terminée. Pour adieu, donnons un dernier regard à ce vaisseau large et élevé, à ce tombeau mutilé, à cette statue restaurée, à ces sièges jadis occupés par les rois et les princes, et surtout à ces verrières si dignes d'admiration à tous égards, afin d'emporter dans notre mémoire le parfait souvenir de cette chapelle, dont un touriste du xvii° siècle, — cela était plus vrai encore à cette époque, — a pu dire justement « qu'elle est une des plus belles et admirables qui soyent ailleurs » (1).

Nous ne nous arrêterons pas à transcrire les nombreuses inscriptions qui couvrent les murs du cloître : nous l'avons fait ailleurs. Pourtant nous ne saurions nous dispenser de citer exactement le vers :

Sic erat in fatis, fato prudentia major.

Cet hexamètre, tiré de Virgile ou d'Ovide, nous reporte à ces ouvriers d'élite qui se plaisaient à cultiver le beau sous toutes les formes et à réaliser la féconde alliance de tous les arts libéraux.

Naguère le touriste, après avoir visité la Sainte-Chapelle, tournait son regard et ses pas du côté de l'Occident afin de contempler de plus près et à son aise les curiosités que présentait le château. En effet, à la place occupée aujourd'hui par ces jardins et ces arbres, s'élevait le magnifique palais dont il a été question en son lieu. Ses donjons, ses tourelles, ses cours lui donnaient un aspect à la fois imposant et gracieux. L'architecture, la statuaire, la peinture et les autres arts avaient contribué à en faire une délicieuse résidence. Un magistrat du pays, qui

---

(1) Léon Godefroy, *Relation de voyage* en 1638.
Nous devons quelques-uns de ces détails descriptifs aux notes manus-

avait pu en recueillir la description de la bouche de ses parents, a dit de ce manoir :

>Ædificata a Borbonio domus alta superbe;
>Talis erat quam si verbis audacia detur
>Non timeam magni dixisse palatia regis.
>
>(*Ricolocus* p. 126.)

A cette heure, il n'en reste plus rien. La seule consolation qui nous demeure est de parcourir les bâtiments qui servaient de communs pour le logement des pages et des officiers de la maison. Avec ses douves, ses tours, ses pavillons et ses grandes salles voûtées en ogive, cette construction offre encore de l'intérêt. La transformation intérieure qu'elle a subie et le riche ameublement qu'elle renferme, en font un séjour agréable que nous nous reprocherions de n'avoir pas salué, ne fut-ce que comme un des survivants du château de Champigny. Cela fait, disons adieu, ou mieux au revoir, à cette terre, à ces monuments qui gardent de si purs et si nobles souvenirs et dont l'histoire touche de si près à ce que les annales de notre province, de la France, offrent de plus digne de respect et d'admiration.

crites de feu M. l'abbé Moriet, ancien curé de Champigny, qui lui-même les tenait de vieillards ayant assisté aux cérémonies de la collégiale, avant la Révolution.

TABLE CHRONOLOGIQUE
Des seigneurs de Champigny

FAMILLES.	SEIGNEURS.	Époque.
1. Bernier.	Bernier de Champigny.	1067 — 1096
	Josselin de Blo.	1096 — 1138
	Robert I.	1138 — 1179
2. De Blo.	Robert II.	1179 — 1213
	Josselin II.	1213 — 1230
	Aimeri.	1230 — 1260
	Guy.	1260 — 1265
	Hugues IV, dit le Grand.	1265 — 1270
3. De Beauçay.	Hugues V.	1270 — 1330
	Jeanne.	1330 — 1340
4. De Beaumont.	Geffroy	1340 — 1360
5. D'Artois.	Charles d'Artois.	1360 — 1384
6. D'Anjou.	Louis Ier.	1384 — 1385
	Louis II.	1385 — 1416
7. De Beauvau.	Pierre.	1416 — 1425
	Louis.	1425 — 1472
8. Bourbon - Vendôme.	Jean II.	1472 — 1477
	Louis Ier.	1477 — 1520
	Louis II.	1520 — 1582
9. Bourbon-Montpensier.	François.	1582 — 1592
	Henri	1592 — 1608
	Henriette de Joyeuse.	1608 — 1626
10. Bourbon-d'Orléans.	Gaston, frère de Louis XIII.	1626 — 1635
11. Richelieu.	Armand Duplessis, cardinal.	1635 — 1642
	Armand-Jean Duplessis, duc.	1642 — 1654
	Anne-Marie-Louise	1654 — 1693
	Philippe Ier.	1693 — 1701
12. Bourbon-d'Orléans.	Philippe II.	1701 — 1723
	Louis.	1723 — 1750
	Louis-Armand Duplessis, duc	1750 — 1788
13. Richelieu.	Louis-Antoine Duplessis, duc	1788 — 1791
	Armand-Emmanuel Duplessis.	1791 — 1791
14. De Quinson.	François de Quinson	1791 — 1825
15. De Costa.	Louis de Costa de Beauregard	1825 — 1866
16. De la Roche-Aymon.	Augustin-Louis de la Roche-Aymon	1866 — 1881
	Comtesse de la Roche-Aymon.	1881

TABLE CHRONOLOGIQUE

DES DIGNITAIRES

Du Chapitre Saint-Louis de Champigny.

DOYENS.

1. François Barbançois (1499-1520).
2. Etienne Hodouin (1520-1545).
3. Michel-Gallais (1545).
4. Marc-Labbé.
5. Bellin.
6. Claude Babelot (1568-1569).
7. François de Mortaing (1569-1586).
8. René Barratte (1586-1610).
9. François Rousseau (1610-1616).
10. Nicolas Boulmer (1623).
11. René Bazille (1643-1662).
12. Bernard Brigallier (1662-1674).
13. Marc Tronchon (1674-1679).
14. Charles Stample de Marigny (1679-1691).
15. Guillaume Drouin (1691-1699)
16. Eustache Poirier (1699-1725).
17. Daunoy (1725-1731).
18. Guillaume Drouin (1731-1741)
19. François Grailli (1741-1766).
20. De Montméa (1766-1771).
21. Pierre Bruneau de la Rabetellerie (1771-1789).
22. Antoine, chevalier de la Brosse (1789-1791).

CHANTRES.

Lucas Poirier (1545).
Nicolas Guillet (1619).
René Durand (1643).
François Compagnon (1667).
François de Longueil (1669-1694).

Larcher (1698).
Nicolas Dienis (1700).
Charles Vincent (1731).
Guillaume Mangot (1751-1790).

PRÉVOTS.

François Roulière (vers 1650).
Etienne Admirault (1673-1705).
Etienne Favereau (1706).

Pierre Lebrun (1731-1761).
François-Louis Degousssay (1766-1790).

TRÉSORIERS.

Guillaume Pairault (1545-1558).
Thibault Néron (1598).
Jean Frappier (1643).
François Ventadou (1667-1700).

Delétang (1730).
Pierre Philippon-Duplessis (1731).
Loyau de la Ramigère (1750).

SOUS-CHANTRES.

Pierre Lamy (1545).
Marc Doussin (1549).
François Guillouet (1667-1683).

Charles Dumay (1683).
Mathurin Delaunay (1699).
Louis Allain (1731-1766).

TABLE DES MATIÈRES

Préface.

1° Partie historique.

Chapitre I. — Champigny et ses origines. Le chevalier Bernier.	9
— II. — La Maison de Blo.	11
— III. — Les familles de Beauçay, d'Artois, d'Anjou et de Beauvau.	15
— IV. — Champigny et les Bourbons	18
— V. — Louis I de Bourbon fonde la collégiale. — Le cérémonial	19
— VI. — De la construction de la Sainte-Chapelle.	25
— VII. — Louis II de Bourbon. Ses fondations pieuses.	30
— VIII. — Les vitraux de la Sainte-Chapelle	35
— IX. — Dernières années de Louis II de Bourbon. Son fils François de Bourbon	44
— X. — Henri, duc de Montpensier. —Sa fille Marie.	47
— XI. — Les redevances de la terre de Champigny au XVII° siècle.	50
— XII. — Le cardinal de Richelieu, Gaston d'Orléans et Mademoiselle.	55
— XIII. — Champigny aux XVIII° et XIX° siècles	59

2° Partie archéologique.

Chapitre I. — La Sainte-Chapelle, l'extérieur, le portique, les cloîtres	64
— II. — Intérieur, description des verrières	68
— III. — Tombeau de Henri de Montpensier. — Caveau de la Sainte-Chapelle	85
— IV. — Chapelles latérales, autels, ornements, etc.	88
— Tableau chronologique des seigneurs de Champigny.	94
— Table chronologique des dignitaires du chapitre.	95

IMPRIMERIE PAUL BOUSREZ, RUE DE LUCÉ, 5, TOURS.

www.ingramcontent.com/pod-product-compliance
Lightning Source LLC
LaVergne TN
LVHW050636090426
835512LV00007B/891